朱棟霖 著

中國現代文學
名家傳記叢書

戲劇與人生——曹禺

陳信元
張堂錡 策劃

文史哲出版社 印行

國家圖書館出版品預行編目資料

戲劇與人生：曹禺 / 朱楝霖著. -- 初版. -- 臺北市 :文史哲, 民 90
面: 公分. -- (中國現代文學名家傳記叢書 ; 3)
參考書目 : 面
ISBN 957-549-341-9(平裝)

1. 曹禺（萬家寶 1910-1996）- 傳記 2.中國文學 - 傳記

782.886 90000226

中國現代文學名家傳記叢書 ③

陳信元・張堂錡策劃

戲劇與人生：曹禺

著 者：朱 楝 霖
出 版 者：文 史 哲 出 版 社
登記證字號：行政院新聞局版臺業字五三三七號
發 行 人：彭 正 雄
發 行 所：文 史 哲 出 版 社
印 刷 者：文 史 哲 出 版 社
臺北市羅斯福路一段七十二巷四號
郵政劃撥帳號：一六一八〇一七五
電話 886-2-23511028 · 傳眞 886-2-23965656
實價新臺幣二五〇元
中 華 民 國 九 十 年 二 月 初 版

ISBN 957-549-341-9

書系緣起

陳信元
張堂錡

法國詩人兼批評家聖伯甫（Sainte Beuve，1803-1860）曾說：「在批評學上，我覺得使人讀之生快感而增見聞的，最好是替偉大的作家生動而詳實的傳記。……鑽入作家的身心、懷抱，用各種方式使其活動，並觀察他的時代、習慣及生活，這樣，才算得上是個真正的批評家。」也就是說，一個批評家如果不能進入作家的心靈世界，與作家進行一種心領神會的交流，感知其情意，認知其思想，同時對其所處時代、社會、環境種種有深刻的理解，則很難能對作品有剖析精闢的評論。因此，要理解作品，應該先了解作家，而文學傳記正是我們理解作家的重要門徑之一。一部傑出的傳記，理應是融合了作家論、作品論、歷史論、鑑賞論、批評論、創作論等多種功能、技巧或條件於一身的產物。

一個優秀的傳記文學作家，應該是傳主的真正知己，能把傳主的整個人格呈現出來；一部優秀的傳記文學作品，除了文字引人入勝外，更要使傳記中人栩栩如生，散發出動人的力量，透射出豐富的智慧。這除了要靠資料搜羅求其完備的真實性講究之外，善於運用文學技巧進行剪裁、安排、刻劃的藝術性追求，也是不可或缺的基本條件。如果能找到許多位優秀的傳記文學作家，寫出一部部兼具可讀性、史料性、藝術性的傳記文學作品，我們相信對文學研究的深化、作品的廣為流傳，甚至於創作經驗的傳承、熱情的點燃，都將會是極具正面性的嘗試與貢獻。

這是我們的心願，也是我們長期關懷文學發展的理想追求。如今，這個心願與理想，透過《中國現代文學名家傳記叢書》的企劃推出，得到了彌足珍貴的落實。說「彌足珍貴」是真的，學術作品的出版一向不受主流市場的青睞，作家傳記雖然已較通俗可讀，但和那些政治人物、影劇明星內幕八卦的「傳記」轟動上市、旋即再版的「盛況」相比，文學作家傳記確實是有些寂寞，何況相關作家的傳記在市面上已有許多不同版本在流傳，我們能推出這套叢書，若不是文史哲出版社社長彭正雄先生不計成本的支持，以及對這套叢書的內容品質，撰稿群的學養功力深具信心，這個心願是很難達成的。

打開中國現代文學史，魯迅、巴金、郁達夫、曹禺、冰心、朱自清、錢鍾書、林語堂等一連串的名家，他們的人生際遇、生命抉擇、生活型態、創作追求，構築起一座座豐盈、迷人的心靈園林，讓後人流連；他們在時代變動中所發出的光與熱、情與意，也同樣令後人仰望、懷想。他們以自己的生命、作品、藝術理想，為逝去的二十世紀刻鏤下最深刻、也最華麗的印記。他們的傳記，既是二十世紀文學史的縮影，也是現代中國知識分子心路歷程的曲折呈現。認識這些作家，不僅認識了文學，也認識了現代中國，認識了自己。

這些現代文學名家的傳記，在撰稿者秉持設身處地、還原情境、正視後果、多面探掘等原則，並採宏觀與微觀兼具、大歷史與小歷史並重的寫作態度，篇幅不求其厚長，內容卻力求其豐實生動，人物刻劃力求其準確有度的要求下，如今已呈現在讀者的面前。我們澆灌現代文學園圃的用心深意，看來已有了纍纍碩實的成果。

值此世紀回眸之際，我們祈盼新世紀的作家身影不再寂寞，文學可以迎回另一個世紀的璀璨風華。從這個角度看，這套叢書，既是回顧，也是前瞻；既是總結，也是一個好的開始了。

感謝所有的撰稿者，以及為這套書奉獻過心力的朋友。

二〇〇一年元月序於臺北

戲劇與人生——曹禺

目次

第一章　童年的故事

藝術家的童年往往是不尋常的。曹禺的童年也有令人尋味的故事。

那是一九一〇年，天津海河的波濤猛烈地拍擊著兩岸的堤霸，雖說剛過中秋節，但岸邊穿長衫馬褂、拖長辮子的人已覺秋意甚深，涼氣襲人。從老龍頭火車站過一陣就傳來「突突」的火車鳴響，在天津衛的一方是矗立著一些西式樓房的洋埠租界，那大片的中式平房裡的人們則還點著油燈沒用上「洋火」（火柴）呢。這天晚上，域區小白樓附近的萬公館已是一片燈光耀眼，喜氣洋洋。原來老爺萬德尊新添貴子，那疾促清亮的嬰兒啼哭聲，萬德尊聽來無異是最美好動聽的樂曲，光宗耀祖的希望。那是這一年的九月二十四日，農曆八月二十一日。小孩被取名萬家寶，小名添甲。

他，就是日後馳名中國劇壇的曹禺。

可惜，家寶生下剛三天，他的母親便因產褥熱病故。臨終前，薛夫人從昏迷中醒來，虛汗淋漓地抱起襁褓中的嬰兒，又把孩子交給胞妹薛泳南：「我是不行了。添甲就托付給你了，你可要代我照顧好啊！……」話未說完，便咽氣了。萬德尊後來將薛泳南續弦為妻，她就是把家寶撫育長大的母親。

萬家寶的童年時代正值萬公館鼎盛時期。萬德尊先是任清直隸衛隊標統，民國後，割去辮子，穿上新式黃呢軍服，他被授予陸軍中將軍銜，任過大總統黎元洪的秘書，出入總統府，還一度被派到宣化任鎮守使，相當於一個師長。萬公館可謂興旺鼎盛，父親視聰明的小家寶為掌中至寶。有一年雙十節，萬德尊帶小家寶去黎元洪總統花園中南海遊覽，黎元洪一時興起，出上聯「海豹」，要小家寶對下聯，家寶答道：「水獺」。黎元洪直誇天資聰穎，取下懷中金錶贈給他。家寶住的是小洋樓，家境是優裕的，要什麼有什麼，家寶在家中尤其受到母親無微不至的關懷照料，母親還常常帶他去看戲，買了家寶喜歡的瓷觀音、瓷馬，在他生日時送他玩……

但是，萬家寶的童年是苦悶的。他後來回憶他的父親與家庭時說：儘管我的父親很喜歡我，但我不喜歡我的家。這個家庭的氣氛是十分沉悶的，很彆扭。我父親畢竟是個軍人出身的官僚，他的脾氣很壞。有一段時間我很怕他。他對我哥哥很凶很凶，動不動就發火。我總是害怕和他在一起吃飯。他常常在飯桌上就訓斥起子弟來。我父親這個人自命清高，「望子成龍」的思想很重。可是，我的哥哥就是同他合不來。哥哥三十多歲就死去了，到現在我還不大明了他。他們父子兩個仇恨很深很深。父親總是挑剔他。其實，我們都是一個父親，只不過不同母罷了。但是，哥哥恨透了父親。家中空氣是非常不調和。我父親四十歲就賦閒了。從早到晚，父親和母親在一起抽鴉片煙。到我上了中學，每天早晨去學校，下午四點回家時，父親和母親還在睡覺，傍晚才起來。每次我回到家裡，整個樓房沒有一點動靜，其實家裡人並不少，一個廚師，一個幫廚，一個拉洋車的，還有佣人和保姆。但是，整個家沉靜得像墳墓，十分可怕。我還記得，我的父親常常在吃飯時罵廚師。有時，他一看菜不滿意就把廚師喊來罵一遍。有時，也不曉得爲什麼要罵人。我母親說他，他就更抑制不住，大發脾氣。眞是個沉悶的家庭啊！

生活在如此沉悶得令人窒息的家庭裡，小家寶的心情怎能不苦悶？令童年的家寶內心痛苦的，還有另一件事。他發現自己的生母早就去世，他失去生母的撫愛！

那是家寶的奶媽劉氏捅出去的。家寶出生後便沒有奶吃，老爺就將隨身馬弁劉門君的妻子作了家寶的奶媽。這樣的奶媽在主人家的地位當然特殊些，就像《紅樓夢》中賈寶玉的奶媽那樣有時竟會在主人面前使起性拿起架子來。有一次，大約是劉媽又向薛夫人索要什麼錢物，薛夫人沒有答應，劉媽就吵鬧起來。她懷恨在心，伺機報復。當天晚上，劉媽就把小家寶拉到身邊，悄悄地對他說：「你知道你的親媽？她早死了。這個媽不是你的親生母親，你的親媽生你三天就病死了。」這不幸的消息猶如晴天霹靂、五雷轟頂，家寶一下子感到痛苦不堪。他想像著自己的生母是怎麼模樣，如果現在還在該又對自己多麼疼愛。雖然父親喜歡他，繼母疼愛他，家裡上下都依從他，但是這些疼愛都令家寶感到缺少了溫暖，缺少心貼心的關懷與撫愛，都不能化爲雨露滋潤他幼小的心靈。家寶是個早熟的孩子，內向的情感型的心理，內心纖細而敏感。從此，生母的死在他的童年心靈上刻下了無法彌補的創痕，他深深地孤獨苦悶著。這種情感一直盤踞著他的心靈。直到幾十年後，他自己已是垂垂老人，一提起他生下三天生母便去世的事，他就會難過起來：「我從小失去了自己的母親，心靈上是十分孤單而寂寞的」。

家庭是這樣一個家庭，個人的心靈又十分孤獨，曹禺童年的苦悶眞是很深很深。他就躲進自己房間裡去看書，好在家裡樓上樓下八間房，總有屬於他自己的一方天地。知識，給他拉開了心靈的視野，充實了他的精神生活，也給他播下了探索人生苦悶的種子。

家寶已是六歲，到是該讀書的年齡。那時已經有洋學堂，也有私塾。但萬德尊還是相信把先生請到家裡來教。這是過去達官貴人、鄉紳人家的通例，他們的子弟不到外面去同一群野孩子一起念私塾，而是在家設西席授教。

父親的書房裡有的是書。趁父母抽鴉片不注意當兒，家寶經常帶著好奇溜進父親書房，取出很多的閒書、雜書。他的父親雖任武官，但本性上更趨文人化，喜好吟詩作對，舞文弄墨，各種文學書籍堆放了一屋子。他就把這些書帶回自己房裡去讀，他讀了《三國演義》、《水滸傳》、《西遊記》、《聊齋》、《鏡花緣》等。他從戲中知道諸葛亮、曹操、劉、關、張、周瑜，孔明借箭、群英會、三氣周瑜，而今讀了書，一對照更加愛不釋手。《水滸》中的英雄仗義，逼上梁山，他喜歡魯智深、李逵、武松，個個都是錚錚鐵漢抱打不平、疾惡如仇，他更恨貪官污吏，心更貼近貧窮百姓。《聊齋》裡的狐鬼個個有人性，形象斐然，令這位有點羅曼蒂克的少爺想入非非，藝術幻想的翅膀更加自由翱翔了。他與文學結下了深深的姻緣。他更愛讀《紅樓夢》。寶玉與黛玉一見如故，沁芳橋畔讀《西廂記》互通款曲，使家寶也急著想去讀《西廂記》。寶玉挨打令人傷心，也想起自己有個嚴厲易發怒的父親，而黛玉葬花自怨自嗟寄人籬下、無人關心的孤獨之苦，也使家寶想起自身無生母之孤獨。他不禁暗暗傷心起來。有一次，他正讀到葬花這一段傷心出神，萬德尊突然走進來，嚇了家寶一跳，還沒來得及把書藏起來，只聽父親說：「《紅樓夢》是本好書，你將來大了會看得懂得。」其實家寶早就一心扎進書裡去了。繼母也愛《紅樓夢》。父母過足煙隱，閒情逸然，就把家寶叫來煙榻前，聽他們背誦古詩詞，家寶也跟著背。父親喜歡歐陽修《秋聲賦》，而繼母則操著湖北口音把黛玉〈葬花詞〉背得滾瓜爛熟：「……儂今葬花人笑痴，他年葬儂知是誰？試看春殘花漸落，便是紅顏老死時。一朝春盡紅顏老，花落人亡兩不知」。母親的聲音似乎帶點哭泣了。〈葬花詞〉的淒涼孤苦情味也感染了家寶。雖然「少年不識愁滋味」，但是他就是這樣的承受著中國傳統文化的薰陶。他對古典詩詞的領會更深了。這使他日後寫戲，寫《北京人》、寫《家》，都在追求一種中國美學的意境。

母親是個戲迷。舊時代，中上層人家的女性日常主要事情就是兩件：看戲和打牌。母親經常帶家寶出去看戲。什麼戲她都愛看，京戲，昆腔，評戲，河北梆子，京韻大鼓，還有文明戲。才三歲，母親就抱著家寶坐在戲園子的雅座上看戲了。稍大些，他就能站在凳子上看，以後就坐在位子上看了。那時候的戲園子是很熱鬧的，小孩子進去了，決不會感到單調乏味。人是熙熙攘攘，出出進進，有賣糖的，賣水果的，賣豆的，用光頭頂著一個大木盤子在人群中穿著走；茶房將長嘴的黃銅水壺從老遠伸過來給你添斟，滾燙的開水在空中劃出一道白線，決不會燙洒了你一丁點，那技藝也著實令人叫絕；還有那甩手巾把的，不時將一塊熱乎乎的毛巾送在你手邊；讓你感到這裡什麼享受都有，挺舒心的。開戲了，一陣鑼鼓響，武生上場，亮相，開打；大花臉也上場了，那氣勢眞是威武雄壯，一聲拖腔，聲震屋宇，滿堂喝彩。俊俏的旦角，風流的小生，在台上卿卿我我，那俊書生往往是呆的，並不懂得小姐眼角眉梢的情意，惹得丫環著急得了不得，直到好事將成，又發生波折，老旦要出來干涉，小丑要出來破壞，從中作梗。母親是又感嘆又流淚，家寶是又興奮又著急。這樣的常常從午飯後進戲園子，直到掌燈時返回家中。年復一年，家寶看了很多戲，他看的戲也許比讀的書還要多。那時候天津已是個大碼頭，各派名角無不要到天津勸業場、張園獻藝。譚鑫培、劉鴻聲、龔雲甫、陳德霖、楊小樓、余叔岩的戲，他都看過。京劇，自從乾隆七十大壽四大徽班進京，一時倍受歡迎，壓倒昆腔，昆腔自明代興起以來，也有三、四百年歷史，但因曲詞高雅，只是面向士大夫，終於不受大衆歡迎。京劇則比較通俗。經過程長庚等前輩藝術家的努力，至清同治、光緒年間由於皇家賞識進一步繁榮興盛，著名的「同光十三絕」就產生於那時。著名老生譚鑫培一改傳統的老生唱腔，揉合進旦角等唱法，使譚派老生唱腔更悲涼沉鬱、悠揚婉轉，他的「雲遮月」嗓音行腔更具韻味，抒情性很強。譚鑫培生角扮相亦形神畢肖，演孔明有儒家氣派，扮黃忠頗具老將風度。中國電影史上的第一部電影，就是拍攝的譚鑫培的京劇《定軍山》。民國初年，譚鑫培已是七十高齡，但他所扮演的《李陵碑》中楊繼業的形象和「雲遮月」的唱腔給家寶留下深深的印象。譚鑫培後因被軍閥逼迫唱堂會，鬱憤而死。繼母爲此好一段時間惋惜不已。劉鴻聲是繼譚鑫培之後又一名老生，他在《四郎探母》中扮演楊延輝，唱工單絕，儘管劉鴻聲不善做工，但他的唱就能把人物的內心感情傳達出來。到二十年代，劉鴻聲也漸受冷落。據說有一次開演前，劉鴻聲揭開幕布往台下一看，只有稀稀落落很少的幾位觀眾，這位一代名伶坐在戲箱上長嘆一聲，氣絕而亡。後來，劇作家田漢還以此爲題材寫過話劇《名優之死》。當時，劉鴻聲的演唱也給家寶留下美好印象，剛柔相濟，蒼勁蘊藉。龔之甫《釣金龜》，一聲倒板「叫張義我的兒」必換來一個滿堂彩。家寶看楊小樓的戲最多。楊小樓嗓音宏亮雄健，他演《別姬》中的霸王，一聲吆喝，眞是聲震梁宇，三日不絕，把觀衆都震住了。楊小樓曾多次與梅蘭芳同台演這出戲，單那眼神就把演虞姬的梅蘭芳勾住，可謂珠聯璧合。楊小樓人稱「活天霸」，黃天霸武藝高強，狡猾凶狠又忠於朝廷，楊小樓的扮演眞是「霸氣」十足，十分威武，又把這副奴才相演得活靈活現。家寶看的「三國」戲很多，幾乎所有曹操的戲，他都看過。凡「三國」戲，最主要的是兩個人物：曹操與孔明，其次是周瑜。譚、劉都以演孔明出名了。而演曹操的，也都各有千秋，這是一個被許多名角演活的角色。還有昆曲，他看過韓世昌的《林沖夜奔》。韓世昌是北昆名角，雖然那時昆曲觀衆已日見其少，但韓世昌的表演卻絲毫不弱。昆曲被稱爲「百戲之祖」，唱腔、表演都經精雕細刻，反覆琢磨，保留在舞台上的折子戲，折折都是精品。北昆《夜奔》源於李開元《寶劍記》，這出戲有唱段，有大段念白，而配合這唱與念，是繁複細致的做工。這是一出單角戲，只有林沖一人在台上。韓世昌在四十分鐘裡，把一個「逃秦冠，好叫俺有國難投」、「丈夫有淚不輕彈，只是未到傷心處」的林沖演出來了，把林沖從忍讓到反抗的性格演得入木三分，一個人唱、念、做俱絕，動作繁複而乾淨俐落，挺拔漂亮，念白剛柔相濟而有韻味，四十分鐘的演出一晃就過去了，眞是一種藝術享受。

「戲原來是這樣一個迷人的東西。」家寶迷上了戲劇。他把家裡的《戲考》一本一本都翻爛了，唱詞背出來，自己學著唱，整段整段地學唱，有的一折戲都能從頭唱到尾。他下功夫學名老生余叔岩的唱，直到上中學時還在學校裡演出余派名劇《南天門》。他從舊戲中學到怎樣做人，怎樣立身，怎樣辨別是非眞僞，也學到戲劇是怎樣塑造人物的。戲裡的人物眞是各色各樣，性格異常鮮明，有聰明的，憨笨的，有滑頭的，陰險的，有凶狠的，軟弱的。你看京劇《群英會》裡的人物衆多而性格各異，個個都能讓觀衆記住。他還從舊戲裡學到怎樣開場，怎樣收梢，高潮怎麼處理，劇情怎樣安排，才能抓住觀衆。他知道了中國觀衆的特點，他們愛看熱鬧，要有衝突，要從衝突中看出人物來。他禁不住技癢起來，在家塾裡趁先生不在，就與幾位同學扮演起黃天霸，用墨筆在臉上勾畫起來。扮演了一次，自我感覺挺好，先生又沒發現，就來第二次。他總是主角，因爲「劇本」是他編的，「導演」也是他，角色也是他分配的。正演到「會審」高潮當兒，他還坐在先生座位上吹鬍子瞪眼，而「犯人」又正跪在下邊，先生來了，把他們訓了一頓。等到萬德尊知道，家寶就把看到的戲，黃天霸的，曹操的，如何長如何短，繪聲繪色講給父親聽。萬德尊一聽，這孩子還有點記性和口才，這麼複雜的「三國」故事都講得引人入勝，也就不再作聲，只是說了句：「演戲能出人頭地嗎？不讀詩書，焉成大器！」

小家寶迷惑了。他沒想到這麼些「遠大理想」。他只是喜歡戲，迷戀戲，他不會離開戲。當然他也不會想到自己以後眞是寫戲寫得「出人頭地」了。

第二章　少年郎粉墨登場

家寶上中學了。那年他十二歲。

九月初的清秋，秋高氣爽，海河灑滿陽光。剛下過兩場秋雨，海河邊的馬路格外清潔，天格外湛藍，河水格外透藍。一輛銅把鐙亮、墊座簇新的人力車將家寶和他母親送到南開中學。

母親送家寶到校門口，就仍坐原車回家，放學時再來接他。家寶佩戴上簇新的校徽，那校徽是一枚紫色底、鵝黃色的八角形圖案，中間托出「南開」兩個醒目的篆字。校園開闊，綠樹濃蔭中露出一幢幢清水紅磚牆校舍。同學們個個穿著校服，神采飛揚，全是一派與自己壓抑的家庭迥然不同的校園清新文明氣氛。家寶只見走道左側豎著一面大鏡子，有兩位學生正在鏡前整頓衣容。他知道這是南開的有名的整容鏡。他走近一看，上端橫匾刻著「面必淨，髮必理，衣必整，鈕必結」，「頭容正，肩容平，胸容寬，背容直」，「氣象勿傲，勿暴，勿怠」，「顏色宜和，宜靜，宜莊」。南開的鏡箴很有名，他早就聽說過，這次自己站在鏡前，不由得重新檢點了一番自己衣服容顏，覺得這可確實不同在家裡私塾中那樣可隨便了。不一會，開學典禮開始，只見張伯苓校長身材高大、氣宇軒昂，健步走上講台，他操著洪亮的天津腔調，語調果斷，使聽的人也充滿信心。張校長強調著校訓「公允公能」：「公允公能者，即培養學生愛國愛群之公德，與夫服務社會服務之能力。」張校長說：「南開學校是受了海外刺激而產生的。這可以就以我個人以往的經驗向同學們說一說。二十幾年前，我在北洋水師學堂，親眼看到旅順、大連、青島先後被日本、德國割去，昔日北洋水師基地的劉公島上，橫行著外國兵。更讓我痛心者，甲午一戰，我親眼目睹在咱們中國的土地威海衛上降下了中國的黃龍旗，換上了日本太陽旗。這眞是極大的刺激啊，使我明白僅有堅船利炮還不行，我們要立志改造中國人，造就一批批新人。所以辦南開學校的目的，旨在雪恥圖存；訓練方法，重在讀書救國。關於國際形勢，世界大事，以及中國積弱的原因，拯救我中華之良方，我們要經常對學生諄諄教誨，剴切訓話，藉以灌輸民族意識，增強國家觀念。爲我中華民族之崛起造就一代新人！」張校長顯然是激動了，聲情更爲激昂，全場掌聲雷動，家寶也忘情地鼓起掌來。

校方提倡與鼓勵學生參加各種課外活動，這是不設課堂自我教育，發掘與鍛鍊了學生的各方面才能。校內各種學生社團不斷產生，如敬業樂群會，美術研究會、攝影研究會、文學會、京劇社、新劇團、校風出版社、武術社、籃球隊等。校方給予經費補貼，提供解決各種設備，安排教師指導。家寶加入了南開中學的文學會，並成爲這個團體所設圖書股的職員——他太愛看書了，所以他很樂意擔任這個小小的「職務」。他與同學一起編輯出版了《文學》半月刊，後改爲《文學旬刊》。一九二七年他還擔任過《南中周刊》出版委員會論述專欄編輯（第三二—三七期）。一九二八年，他又擔任《南開雙周》戲劇編輯。後來在南開大學讀書期間，他還擔任了《南開大學周刊》特約撰稿員，又是南開大學出版社的文藝組編輯。而在一九二六年，家寶還和另外兩位南開中學文學會會員共同發起組織了一個新的文學團體「玄背社」，並且辦了文學刊物《玄背》。他們還和天津《庸報》聯繫，將《玄背》作爲《庸報》的文學副刊一起發行。家寶一面撰稿，一面負責起《玄背》的發行。他的文學愛好被發現、調動起來了，並且興緻愈來愈高。

說起《玄背》，還有許多插曲。當時十六歲的家寶還是高一學生，幾位同伴互相鼓動著、興奮著要辦一個文學刊物，用自己的園地發表自己的作品。幾個人苦思冥索，只是不知起什麼名字，便決定隨手翻開字典，是什麼字就用什麼命名。第一個翻到一個「玄」字，「玄而又玄」不是頂耐人琢磨嗎？就要它了。又翻到一個「背」字，一想，這不是「背道而馳」、反其道而行之的「背」嗎？也就要了。這倒也多少反映了這些中學生當時的思想苦悶、無出路，而又有點叛逆社會的精神狀態。

《玄背》這伙文學青年的血氣熱情全是被「五四」新文學的浪潮鼓蕩起來。家寶和他的同伙都是一個勁兒喜歡著讀魯迅、郭沫若、郁達夫的作品。他上初中時正趕上《吶喊》出版，他托北京大學的一位大學生在北京購買。手托著那本黑字紅皮面、毛邊紙的「五四」文學名著，他的心跳動著，他一篇一篇很快地讀下去，又反覆地讀。孔乙已、閏土、祥林嫂的悲劇都使他想起他所了解到的人事，他深深同情著勞動人民，暗地流下眼淚；涓生、子君、魏連殳、呂緯甫的人生坎坷令他沉思，他也有許多苦悶；他讀《阿Q正傳》，讀《狂人日記》，覺得很深，裡面有些什麼，但還琢磨不透。郭沫若的《女神》誕生了，他更是立即捧讀，《女神》那狂飆突進的精神、火山爆發式的情感、奇特不羈的形式節奏震撼了他、攝服了他。他說：「我被震動了。《鳳凰涅槃》彷彿把我從迷蒙中喚醒一般。我強烈地感覺到，活著要進步，要更新，要奮力，要打碎四周的黑暗。」接著是郁達夫出現了。他們讀《沉淪》，讀《銀灰色的死》，讀《春風沉醉的晚上》，家寶被郁達夫迷醉了。大約魯迅過於深刻冷峻，郭沫若過於奔放新奇，倒是郁達夫那直抒自我胸臆的大膽赤裸的直率態度，那鬱憤難抒的傷感調子，一下子俘虜了當時無數青年的心。

一個夏末的傍晚，家寶在海河上乘船，身倚船窗，捧著郁達夫的小說《春風沉醉的晚上》，品味著其中的情調，正在低迴欲絕時，他猛抬頭，發現對面窗邊，正端坐著一位漂亮的女護士，在秋日斜陽的映照下顯得容光煥發，令人愛之猶憐。一時間使家寶這位翩翩少年想入非非。他想與這位姑娘講話，又沒有勇氣，只是猜測著這位美麗女性為何獨坐船邊，她的可憐的身世，她的意中人如何，她今日意欲何往？他又把自己想像成一個多情的青年，達夫小說中青年的痛苦模樣，幾經曲折，終於與這位美麗的姑娘在這船上相會。不知怎麼一來，家寶想像中的這篇故事竟與郁達夫的《春風沉醉的晚上》十分相近。他得意了。於是花了幾個夜晚一氣呵成，不久便以《今宵酒醒何處》為題在《玄背》上刊出，那是一九二六年九月。

這篇小說在南開中學的同學中引起轟動，大家紛紛贊賞家寶的文筆。他的父母親也知道了，拿來一讀。

「故事倒是寫得很好。只是那位梅璇小姐，現在何處，那年輕人夏震，你認識嗎？」母親已經讀過小說。故事中青年夏震早年喪父，家道中落，在北方教書，與當地一富家女梅小姐熱戀。而梅小姐的叔父則受日本一富家子野村三郎威逼，要將梅小姐強嫁給日人。經梅小姐巧妙周旋，設計使野村妻從日本趕來接野村歸國。這時梅小姐自己則在南歸的船艙中與夏震相會了。家寶面對母親的發問，只是微笑著：「母親，你只看著就是了，當然是編的。」

「家寶，這篇文章為何署名『曹禺』？」萬德尊問道。

「父親，『萬』字拆開，便是『艸』和『禺』，『艸』諧音成『曹』，這不就是『曹禺』兩字？」。

「仍舊不離『萬』字。」萬德尊恍然大悟，暗自贊賞這孩子過去在家熟中學的對對子的文字功夫倒是不淺。看來這孩子會大有出息，前途未可限量啊。

這篇小說是萬家寶第一次用「曹禺」的筆名發表。從此，我們這本文學家傳記的主人公就直接以「曹禺」的名字出現了。

發表了《今宵酒醒何處》後，曹禺的文學熱一發不可收，對郁達夫也更爲崇拜。索性把《玄背》寄給這時在廣州的郁達夫，又使勁兒寫了一封長長的信給郁達夫，訴說著對他的傾慕。郁達夫很快覆信，贊揚《玄背》「給人一陣清新的感覺」，並說，「我希望你們同志諸君，也能夠不屈不撓地奮鬥，能夠繼續作進一步打倒惡勢力、阻止開倒車的功夫。」這下子，這批文青年更是興奮異常，搞文學的興致愈發高漲了。曹禺接連寫了三篇雜文，還發表了新詩《林中》、《南風曲》、《四月梢，我送別一個美麗的行人》、《不久長，不久長》。他翻譯了莫泊桑小說《房東太太》、《一個獨身者的零零碎碎》，還與張彭本合譯高爾斯華綏名劇《爭強》，他還改譯了外國劇作《太太！》《冬夜》。

從一九二三信年秋曹禺入南開中學讀二年級，一九二八年高中畢業，免試進入南開大學，直到一九三〇年暑假後轉學清華大學爲止，曹禺在南開學校前後八年。八年的南開生活中，對他一生影響最大的，是他參加了南開新劇團的演劇活動；是在南開演劇活動中，張彭春老師啓發他走向戲劇的道路。

一九二五年，曹禺參加了南開新劇團。這是一個在中國北方久負盛名的新劇團體。南開在張伯苓校長倡導下，從一九〇九年即開始在校內演出新劇。新劇不同於中國傳統戲曲（舊劇），主要運用西方話劇形式。一九一四年南開新劇團正式成立，演出的新劇《一元錢》、《一念差》、《新村正》等都曾在當時北方產生很好影響。曹禺參加南開新劇團時，這個劇團已經公演了五十多個劇目，具備了相當深厚的藝術基礎與傳統。

曹禺第一次參加排演的戲是《少奶奶的扇子》。這出戲是洪深根據英國劇作家王爾德的四幕喜劇《溫德米爾夫人的扇子》改譯的。洪深是留學美國的戲劇家，他將一齣英國喜劇改爲在中國發生，人名、地點、故事全部「中國化」，適合在中國演出。這齣劇一經上演，在上海形成「萬人空巷之盛況」。南開新劇團這次排演，曹禺只參加排練，未正式登台演出，但這個小戲迷跟著劇組一次一次地排練，把個《少奶奶的扇子》全部台詞背得滾瓜爛熟，把劇本都翻爛了。他對這個戲著了迷。他發現這眞是個令人叫絕的好戲。這出戲構思巧妙，劇情緊緊圍繞一把扇子展開，結構嚴密精巧，前後環環相扣、層層發展，懸念迭起，波瀾起伏，時間被扣在二十四小時內，全劇對話風趣、意味雋永，王爾德精於戲劇結構，又是位語言藝術的妙手。曹禺對戲劇的愛好是執著的，他從小就滋養的戲劇的酵素發酵起來了，他眞是一頭鑽了進去。他確實理解到了更多的東西。

他熱切地要參加演出，渴望粉墨登場。終於一個機會來了。南開新劇團在一九二七年暑假要公演三個戲：《壓迫》、《可憐的裴迦》、《獲虎之夜》。他被派定扮演丁西林喜劇《壓迫》中的女房客。擔任這出戲藝術指導的，就是張彭春。

傑出藝術家的成才道路當然是有很多因素決定的。個人的天賦才能與個性是內在的決定性因素。但是歷史也有許多埋沒人才錯失機遇的遺憾。這樣的事是太多了。而一個成功藝術家的人生道路也存在著各種可能性。一個偶然的因素，突發性的機遇，一位朋友的幫助，一位老師前輩的指點，都會改變一個人的人生道路。曹禺在南開新劇團遇上張彭春，使他能更順利地走向戲劇藝術的殿堂。

張彭春是張伯苓的胞弟，一九一〇年參加「遊美學務處」（清華學堂前身）第二屆「庚款」留學生赴美攻讀。先後在美國克拉克大學與哥倫比亞大學獲藝術碩士與哲學教育碩士學位。一九一九年張彭春再次赴美留學，獲哥倫比亞大學哲學教育博士學位。回國後，曾任清華大學教務長。一九二六年回到南開，任中學代理主任，並在南開大學教授外國文學。張彭春在美國致力於鑽研戲劇，回南開後就將他所學到的西方戲劇藝術從編劇、導演到舞台演出要在南開新劇團實踐，以推動中國新劇的展開。那時，中國新劇尙在初創階段，以商業爲目的的新劇團演出文明戲，不用劇本。田漢在南方組織的南國社，也有許多即興表演、自由發揮。這次張彭春排練《壓迫》，可就不同了。他要求每位演員一定要鑽研劇本，弄清劇本的企圖、角色的性格和心理。他在進排練場之前，就把整個排練的一步步要求都規定好，然後一個個指導，無論台詞還是台步，都提出明確要求，嚴格極了。曹禺早就聽說張先生大名，這次親自接受指導，這樣明確細致深入而嚴格，眞是服了。所以曹禺初次登台，就胸有成竹。他在劇中扮演一位來挑選住房的女客，與另一來看房子的男客有許多交流，無論台詞、動作，都恰到好處地把一個受過新式教育的女性心理、這部幽默喜劇的獨特風格傳達出來。他的表演被稱爲「一舉一動，惟妙惟肖，滑稽拆白，盡現台上，可稱得全場中之明星」。

張彭春立即發現曹禺的演劇才能。一九二七年他推出又一台戲進入排練，這就是挪威著名戲劇家易卜生的名劇《國民公敵》。主要角色中有南開新劇團的老演員張平群等老師承擔，曹禺被派定扮演女主角裴特拉。

當時的風氣，男女不能同台演出。傳統京劇中的女角都由男演員擔任，即使是宣傳新觀念、新思想的新劇，其中女角也一直是男演員扮演。南開新劇團成立以來也一直如此。曹禺之前，民國初年周恩來在南開學校讀書時參加南開新劇團，是扮女角；直到三十年代，後來成爲劇作家的黃宗江當年參加南開新劇團，演的也是女角。曹禺身材矮小，模樣清秀，嗓音深厚甜潤，念起台詞來很有韻味，他的眼神格外明俊，在台上一下進入角色，雙眸有神透出迷人的力量。張彭春認爲曹禺有演劇天賦，所以這次委托重任。《國民公敵》這齣戲寫的是正直的斯多克芒醫生發現療養區礦泉中含有病菌，就不願浴場主的威逼利誘，堅持要改建泉水浴場，因而觸犯了浴場主和政府官吏的利益。他們便和輿論界勾結起來，宣布斯多克芒爲「國民公敵」，市民也反對他，他被撤掉公職，女兒裴特拉的教職遭解除。這一切打擊都不能使他屈服，裴特拉也是如此。斯多克芒面對社會與衆人的攻擊，十分孤立，但他宣稱：「世界上最有力量的人正是最孤立的人」。「堅定的多數從來是錯誤的」，斯多克芒這種堅持直理、「獨戰多數」的勇氣，在「五四」時期傳入中國，受到先進分子的讚揚。曹禺對斯多克芒精神佩服極了。整個排練緊張地進行了近三個月。張彭春向他們講解易卜生的戲劇創作道路，從易卜生早年的戲劇講起一直講到他晚年的劇作，《國民公敵》的思想意義，藝術特點，不僅演職員，連大學部與中學部的教師也來聽張先生講易卜生，大家都知道張彭春對歐洲戲劇的造詣很深，都來聽講。張彭春最後嚴肅地說：「所以，這次排演易卜生的這齣名劇，非同小可，要成功，必須下苦功夫，從劇本的題旨、人物、表演到舞台布置，都要藝術上精益求精，不容稍懈。」

好不容易盼到正式公演，突然天津督辦公署下令：「禁演！」原來，天津軍閥褚玉璞以爲是一個姓易的青年寫了一個戲，專門罵自己是「革命」的敵人，所以惱羞成怒。張彭春無處訴說，只能忍氣吞聲，曹禺一下子感覺到演戲也並非那麼好玩，彷彿人要自由地呼吸一次，都需要盡一生的氣力。直到第二年春天，易卜生誕生一百周年時，改名爲《剛愎的醫生》，才能上演。

這一年（一九二八年）夏天，曹禺從南開中學畢業，並因成績優秀被免試入南開大學政治學系學習。

一天，張彭春約曹禺談話：「《國民公敵》演得眞不錯，外界評價很好。但是這還不是易卜生最著名的戲。我想今年秋天排演《娜拉》。這個易卜生的名劇，早在十年前就被胡適之先生介紹到中國來，確實產生了很大影響，現在，娜拉已經是個性解放、女性平等的偶像了。但這樣一個戲，在中國還沒有一次正規的演出。我們南開新劇團要演好這齣戲。」

曹禺興奮了，他相信有張先生的指導，新劇團一定能把這齣名劇演得十分出色。

「誰來演女主角娜拉呢，張先生？」曹禺猜測著問。

「你，家寶，就你來扮演娜拉。你的裴特拉演得很出色，你能演好娜拉。」曹禺有點不相信自己的耳朵，但是張先生充滿信心的話使他覺得不能推辭。

張彭春取出早就準備好的一堆資料與易卜生的劇本，交給曹禺：「家寶，這是一齣很特殊的主角戲，一齣女主角戲。全劇集中於一個人，支持全劇的就一種感情，並且單獨從她那兒迸發出來，層層發展，一貫到底，最後進入高潮。這是一個考驗演員才能的戲。娜拉現在已經成爲歐洲劇壇上保留下來的傳統角色，不斷有各國最優秀的演員在串演這個女角，展示自己的才能。我在美國曾看過好幾個著名女演員的娜拉，各有特色，在咱們排練時我會介紹。」

「先生，據說，只有年過中年的演員才能演好娜拉這個角色。可我才十幾歲呀。」

「只要深入體驗角色，從人物內心出發，體驗到劇中人的眞情實感，就能演好它。家寶，試試吧，你能挑起這個大樑。況且還有張平群老師等人的配合。」

果然，十八歲的曹禺，男扮女角，把一個容易演冷場的戲演得絲絲入扣，扣人心弦。他成功了！南開中學瑞廷禮堂內，觀衆人頭擠擠，幾無插足之地，大家被曹禺的出色表演抓住了。曹禺把娜拉與海爾茂夫妻間感情與特殊關係，娜拉的感情分寸，她的思想、情感的變化，都很細膩地精湛地表演出來。他是用全部身心來演，格外眞切感人。他念台詞的聲音別具一種魅力，他曾反複聆聽過一些外國著名女演員的台詞唱片，他潛心體會到那眞是妙極了。也許是曹禺在自己的家庭裡受夠了那種壓抑的氣氛，他對娜拉那種受海爾茂專制壓抑的心理，有著切身的體驗。他確實把娜拉演活了。《娜拉》的上演，成爲天津一件大事，天津婦女界認爲此劇對於提倡女權有所幫助，特邀再度公演。曹禺感受到一個好戲的社會影響是很大的。

之後，曹禺又應張彭春之邀，一同改譯英國高爾斯華綏名劇《爭強》。曹禺又一次粉墨登場。這次他不演女人，他扮演主角大成鐵礦董事長安敦一。《爭強》的演出也備受社會稱讚。他大學畢業後，作爲校友，還於一九三四年參加南開新劇團的《新村正》的演出。這個戲是南開的保留劇目，他這次又作了改編。一九三五年又與張彭春一起改譯莫里哀名劇《財狂》（即《慳吝人》），他飾演主角韓伯康。這次演出大獲成功，天津許多報刊發表消息、評論。曹禺又一次陶醉在戲劇藝術成功的喜悅中。

一九二九張彭春要再次去美國，爲南開大學征集資金。臨走前，他特意把自己心愛的一套英文版《易卜生全集》贈給曹禺。他殷殷囑咐曹禺，易卜生的戲劇藝術值得好好琢磨。曹禺翻著字典，憑著一股毅力與對易卜生戲劇的崇拜，把易卜生的劇作讀了一遍。這位中國未來傑出戲劇家的靈魂，在這部傑作中與那位偉大戲劇家的靈云溝通了，兩顆心靈在對話。曹禺後來說：「外國劇作家對我的創作影響較多的，頭一個是易卜生。易卜生的戲劇技巧，的確給我打開了一個新的境界。」

在南開新劇團演戲的萬家寶，不會想到自己會成爲寫戲的曹禺。但是這豐富的舞台實踐，使曹禺熟悉舞台，熟悉觀衆，懂得如何寫戲才能抓位觀衆。寫戲的時候就知道在舞台上應怎樣舉手投足，這光靠看劇本不行，要自己演。莎士比亞、莫里哀，還有關漢卿等，一些大劇作家正是如此。

這是曹禺的成功之路。

第三章　愛情與戲劇

一九三〇年夏，曹禺從南開大學轉入清華大學西洋文學系。

清華大學，這座中國著名高等學府，眞是名不虛傳！校園就是一座大花園，綠樹濃蔭間掩映著亭台、小橋，一座座現代建築伸出於綠蔭中，散逸著濃濃書香。荷塘月色，潺潺流水，引發曹禺詩的聯想。巍峨莊嚴的大禮堂，通體紅色中聳立著四根巨大的玉柱，大銅門金光閃閃，一派最高學府莊重神聖的氣派。大禮堂正中高懸四字：「自強不息」，激勵著清華莘莘學子。體育館高牆上布滿爬山虎，透出勃勃生機。上學第一天，他就去看了看圖書館，中外圖書琳琅滿目。他徘徊在學校大禮堂、圖書館，凝望默想。這一切，都是曹禺這幾年來心神嚮往的。他心滿意足了。他要在這兒度過他的青春歲月。他一生中最寶貴、最流光溢彩的歲月，他要在這裡刻苦攻讀，開始新的人生。

大禮堂、體育館、圖書館，是清華人引爲驕傲的「三寶」。清華圖書館掩在一片綠林之中，靜穆地散溢著書香。穿過圖書館高敞的門就是閱覽室、借書處。書架上整排整排的圖書，線裝的古籍珍本被裝在木匣中，洋裝的新式書刊整齊筆挺地豎在書架上，飛金燙字散射出誘人的名字。由於系主任王文顯教授的愛好，圖書館不斷地購買許多西洋戲劇書籍，從古布臘、莫里哀、莎士比亞、易卜生、高爾斯華綏的劇作，到導演藝術、劇場藝術的專書，以及美國最新的戲劇雜誌《劇場藝術月刊》，中外戲劇圖書異常豐富。

曹禺是個書呆子，讀書迷。圖書館成了他最樂意的去處。每天走進圖書館西文閱覽室，他向負責借還書的館員要了自己閱讀的書，就走到附近一張書桌邊，專心地讀起來，邊讀還邊做筆地，他讀的書多是英文原著，因此也進修了英語。爲了讀德國戲劇，萊辛、席勒、歌德、霍普德曼都是德國戲劇家，他學起德語；爲了讀契訶夫、高爾基作品，他又開始學俄語。他研究戲劇，不再是零零碎碎，碰到什麼讀什麼。王文顯先生已在課堂上講授了戲劇史，曹禺就順著歐洲戲劇史的發展路子，一個一個劇作家、一部一部名劇讀過來。他讀劇作，知道歷史，他讀理論著作，知道戲劇藝術是怎麼發展過來的。他驚喜地發現，即使戲劇一路的書，四年大學生活也是讀不完。

「小寶貝兒，你又在看什麼？怎麼走到樹上去了？」傍晚，他從圖書館走出來，一邊抱著一摞書，一手還拿著一本書在看，只管往前走，卻不知快要碰到一棵古樹上去了，恰巧被同學孫浩然碰到。

「王先生在課堂上不是講到古希臘悲劇是崇高的藝術嗎？我這就在讀希臘悲劇。」
「希臘三大悲劇家的作品，你都讀了嗎？喜歡哪一部？」
「這三位都是偉大的戲劇家，兩千多年前竟然會有這樣偉大的傑作，眞是我們人類藝術的驕傲。」

曹禺就在草坪上坐下，講起希臘悲劇。希臘悲劇是古希臘人爲了慶祝自己的節日而設立的戲劇比賽中產生的。古希臘人一年舉行一次盛大的藝術活動，大家都去看戲，劇場是露天的，三面是觀衆席，迎面是舞台，背襯一面牆，可以把演員的朗誦反送到周圍觀衆席上。一齣戲的演出安排在一天內，因爲要借用自然陽光。最初的演員只有一個，從埃斯庫羅斯到索福克勒斯、歐里庇得斯發展到兩個、三個演員。希臘悲劇的演員都戴面具、穿高底靴，他們念台詞用朗誦調，希臘悲劇都是詩歌，還有歌隊與演員對話。《被縛的普羅米修斯》是古希臘著名悲劇家埃斯庫羅斯的代表作，這個戲劇通過一位演員與歌隊的對白，充滿雄偉深厚的感情與力量，它至今還經常在希臘上演。埃斯庫羅斯有《普羅米修斯》三部曲，還有《解放的普羅米修斯》等兩部，我還沒有找到本子，據說已經失傳。曹禺帶點遺憾地說。

「索福克勒斯的《俄狄浦斯王》也是名震古今的傑作。這個戲中賢明的君主俄狄浦斯追尋殺父娶母的凶手，結果竟是自身，他就用母親、也是自己王后遺下的金別針刺割了自己的雙眼，自己放逐了自己，在外流浪。戲中是血緣的關係，各種巧合都是天意無可違抗、無可躲避，人類的命運實在太殘酷，又太神秘莫測了。我想起，我們的人生、人類生生死死，都是如此，被不可知的神秘在冥冥之中控制著。人生眞是痛苦啊！但那戲，卻是很神奇有誘惑力的。」浩然發現，好端端的，家寶又傷感起來了，正想談點別的東西，曹禺又滔滔不絕地說下去：

「我們寫戲，就要寫這樣的戲。還有像歐里庇得斯的《美狄亞》，他觀察生活，觀察的本領很強。發現丈夫另有新歡，美狄亞就報復了。這已是一部心理劇了。歐里庇德斯對女性心理的挖掘、分析，確實是透徹極了。我酷愛《美狄亞》，已經讀了兩遍了。還有《俄狄浦斯王》，都值得仔細品味。」剛才他讀的正是《俄狄浦斯王》，這兩部劇作已經在他手中好一陣了。他愛不釋手。

他把清華圖書館中的西洋戲劇藏書幾乎讀遍了，有的還做筆記。他讀謝立丹喜劇，讀莫里哀喜劇，讀席勒的《陰謀與愛情》、小仲馬的《茶花女》，王爾德的《溫德米爾夫人的扇子》，過去讀過洪深改譯本，現在讀英文本。還有蕭伯納、高爾斯華綏的劇作。從英文讀莎士比亞戲劇，收益豐富。在莎翁面前，他嘆爲觀止。莎劇氣魄宏偉，劇情豐富多變，全劇絢爛多姿，詩情奇妙，結構複雜精美。尤其是莎士比亞以充沛的人道主義精神，浩瀚的想像力，刻畫出豐富複雜變異的人性，他佩服莎士比亞對人性的把握是多麼深透。莎士比亞的四大悲劇《哈姆萊特》、《奧賽羅》、《麥克白斯》、《李爾王》，都是一座座藝術殿堂，他在裡面流連忘返，領悟到藝術三昧。哈姆萊特的憂鬱、猶豫，奧賽羅的深深的愛與感情的激變，苔絲德夢娜的純潔摯情，麥克白斯手持尖刀時的心靈顫抖，李爾王的狂怒激情，都讓曹禺體會到戲劇應如何刻畫人性，塑造舞台形象。莎士比亞比其他戲劇家的高人一籌處，在於他的戲劇都蘊含著人生哲理，在探討一種永恆的東西，讓人沉思我們人類自尊。在莎士比亞面前，曹禺頂禮膜拜。他的心更直接貼近《羅密歐與朱麗葉》，這篇戲劇充滿清新的詩意與溫馨的愛情，真是把戀愛中的青年男女的柔情、激情寫得沁人心脾，感人肺腑。他也發現，中國那時已經有了幾個中譯本，但他覺得不夠理想，他希望自己將來能用詩體把這部詩劇譯得更優美，請出最優秀的演員，搬上中國舞台。

易卜生的戲劇是他常讀的。張彭春贈的那套英文版《易卜生全集》，曹禺將它從南開帶來清華，放在枕邊，有空經常翻翻。看多了，他就發現，原來從《俄狄浦斯王》到易卜生《玩偶之家》、《群鬼》，在戲劇情節、結構、藝術等方面有許多承傳之處；從《美狄亞》到《費德爾》到新近出現的美國劇作家尤金·奧尼爾的《榆樹下的欲望》等，這些戲也有許多一脈相承之處。人類的藝術就是這麼一代代相承傳，一代代發展創新。曹禺從每月一期的《

劇場藝術月刊》上知道，美國目前當紅的劇作家是尤金．奧尼爾。這位美國劇壇新秀後勁十足，他寫了許多描寫海上生活的劇作，有詩意，有抒情，有力度，像《東航卡迪夫》、《天邊外》、《安娜．克里斯蒂》。他知道洪深與奧尼爾都是美國哈佛大學貝克教授的弟子，他讀了奧尼爾《瓊斯王》，就知道洪深的《趙閻王》確實是受了他這位師兄的影響。他又到處尋找，把奧尼爾的作品儘量找來讀了。

曹禺轉學清華，又演戲了。但這次在清華演戲與過去在南開演戲不同，就是演戲給他帶來了愛情。他被丘比特的神箭射中，陷入戀愛的痴迷和狂熱之中。

曹禺到清華不久，就著手把《娜拉》排出來。這次是他當導演並主演娜拉。一九三一年春天在清華大禮堂公演，清華人欣賞到他的精彩演出，果然這位南開「新劇家」名不虛傳。曹禺很快成了清華的「知名人士」，大家親昵地稱他爲「小寶貝兒」，因爲他叫「萬家寶」麼。後來他又排演過外國戲劇《馬百計》與日本狂言劇《骨皮》，都在校內引起轟動。大學生的讀書生活終究是枯燥的，而年輕人又處於活躍好動時期，戲劇演出當然也容易在校內引起大家熱心參與和關注。一九三二年，曹禺等人決定排演英國劇作家高爾斯華綏的《罪》（又名《最先的與最後的》）。這個戲揭露資本主義的金錢與強權社會在文明外衣下的罪惡。劇中名門子弟拉里愛上了孤女汪達，而汪達在十六歲時就被壞蛋維廉霸佔，她一個人逃出來。

維廉來找汪達，富於正義感的拉里與這無賴博鬥，失手誤殺對方，成爲警方追捕的凶手。拉里之哥吉斯是一名律師，吉斯爲了維護家庭聲譽，逼迫汪達斷絕與拉里關係，讓拉里隻身潛逃。警方還誤抓了一位無辜老人，吉斯想借他逃避罪名。可拉里不願意這樣做，結果他與汪達雙雙服毒自殺。曹禺很快把這個戲譯成中文，自任導演並主演拉里，讓南開老同學孫毓棠扮演吉斯，孫浩然擔任舞美設計。這個戲共有三個角色，女主角汪達由誰來演呢？清華園裡，哪一位女同學能出色地扮演這位可憐而摯愛的姑娘呢？

曹禺心中跳出一位面容清秀、風度高雅的小姐來。她就是新近從貝滿女中考入清華大學法律系的女生鄭秀。

記得兩年前，清華園內公演《娜拉》，大禮堂內擠滿觀衆。曹禺在台上傾心塑造人物，全身心都投入了，他似乎感受到海爾茂這個專制家庭的壓抑空氣，而自己就是一位受家庭壓抑、沒有個性自由的人，「她」覺悟了，最後一場，「她」與海爾茂有一大段討論，長達二十分鐘，娜拉侃侃而談，層層剝開，發現自己只是一個玩偶，十八年來沒有獲得過個人的自由。娜拉站在台中央，痛苦而清醒地說：「我原來是個洋娃娃！」她回答海爾茂：「我是我自己，我有我自己的權利！」「一個人必須有獨立的見解，人應該獨立生活！」緊接著「砰」的一聲門響，娜拉決然出走。大幕還未合攏，禮堂裡已是一片持久熱烈的掌聲。戲散了，曹禺還沉浸在劇中的情緒中，突然後台走進三位翩翩女生。一位清華同學把她們引來：

「這三位小姐都是貝滿女中的高材生。這位是鄭秀鄭小姐。這位就是萬家寶先生，剛才扮演娜拉的就是他。」面對這三位年輕姑娘，曹禺突然有點緊張，手足不知所措，趕緊想去擦掉「娜拉」的殘妝。

「演技不好，請多指教，多指教。」

鄭秀先是吃一驚，她想不到面前這位矮個子青年貌不驚人，卻將一位成熟女性演得如此從容熟練、富有情感。

「萬先生，您演得眞好。娜拉最後一大段台詞，眞是句句說得透闢。您的台詞也念得好極了。」鄭秀很少誇獎人，這次可是從心底佩服。

「萬先生在南開演戲，人家是頭牌花旦呢」。孫毓棠在旁打趣道。

眞是「驚鴻一瞥」。曹禺發現這位鄭秀小姐身材苗條，面容清秀，一副大家閨秀的風度。她的明眸閃亮，一口純正京腔，悅耳動聽。

曹禺的心爲之一動。

第二年秋，曹禺知道鄭秀已從貝滿女中畢業，並且進入清華大學法律系。清華園內，有時也見到她的倩影，只是鄭秀似乎已不認識他了，並不理睬。曹禺本不善交際，要想搭訕卻找不出個理由，也就無緣親近了。

這一次曹禺馬上想到請鄭秀來扮演汪達，實在是最佳人選，聽說鄭秀在中學裡就演過戲。清華園裡的女學生本不算多，有的文靜、古板，不參加文藝活動，有的女生視演劇爲不入流品活動，再有像南開來的幾位女生只會啃書本，保守木訥，不是搞藝術的料子。不知怎麼的，這時的曹禺心目中只有鄭秀，只有那位鄭小姐才能與自己同台配戲。他委托人去說鄭秀「下海」。他想鄭秀會應諾的。

鄭秀只管和其他女生談話，看也不看來人：「我不會演戲！」那位男生討了沒趣。曹禺急了，就找來孫浩然商量，請孫浩然再去誠意邀請。

「萬先生說，這個角色最適合您演。他聽說您在貝滿中學就演過戲，演得挺好，貝滿來的人有口皆碑呢。」

「這個萬先生是怎麼回事，爲什麼非要我去演，就不能換個人嗎？」女同學總是愛聽奉承的話，當然鄭秀嘴上還是推辭著。

「高爾斯華綏的這個戲，可是個好戲，三個角色都派定了。萬先生自己演拉里，您演汪達，那是女主角，很有戲演。萬先生在南開演過很多戲，排戲很有經驗。哦，對了，他爲人也很好。他認爲您一定能演得很成功。這次非你莫屬。」

「但是法律系的功課太重。」

鄭秀回到女生宿舍，女同學聽說演娜拉的「小寶貝兒」這次又要演戲而且拉鄭秀去客串，就慫恿鄭秀：「去吧，萬家寶爲人很好的嘛，南開的先生們都稱讚他人品好，讀書用功，也是書香子弟，不是那種紈絝子弟。不要使人家左右爲難了。」南開來的幾位學生也在旁邊幫腔。等到孫浩然又一次來請：「鄭小姐，馬上就開排了，您不妨去試一試吧。」鄭秀才答應：「那就試一試，演壞了可不能怪我！」

週末的下午，鄭秀踏進清華二院九十一號萬家寶的宿舍，排戲就在這裡。曹禺、孫毓棠、孫浩然早早候在那裡。曹禺踱來踱去心急如焚。門一開，只見鄭秀容姿煥發，光彩照人，身穿一件簇新的青色絲緞旗袍，足登高跟鞋，更顯出身材苗條，亭亭玉立。曹禺急忙走上前去，搭訕著讓座、送茶，孫浩然在旁鬆一口氣，道：「三顧茅廬哪。」

哪知鄭秀早把曹禺譯的劇本看熟，曹禺稍一講解，立即就進入排練。戲排得很順利。鄭秀每次都按時到達。過去南開演戲，女角都由男的扮演，現在幾個年輕小伙子中飄然來了一位姑娘，就更來勁。個個向小姐獻殷勤。曹禺更加排戲入迷，把課堂上的功課都暫時擱一擱，一心只在戲上，一心只在拉里和汪達身上。他只把自己認作正義的拉里，而鄭秀現在當然就是可憐而可愛的汪達了。他排戲格外投入，鄭秀也跟著投入。兩人一來一往，有時直把個演哥哥的孫毓棠，搞舞美的孫浩然看呆了。

牡丹盛開、春光爛漫的五月，《罪》在清華園內同工部公演，轟動了清華園。孫毓棠演皇家法院律師吉斯，把那虛偽卑鄙的靈魂揭示出來了。鄭秀的汪達，曹禺的拉里，在舞台上就眞是一對情人，幾乎分不出是演戲還是生活。曹禺演戲更投入，尤其是他的眼神與聲音，把對方的心靈勾住了，鄭秀不能不跟著曹禺的感情走。最後兩人決定雙雙自殺以抗議這個虛僞殘暴、無正義公道的社會。曹禺與鄭秀在台上眞是難捨難分，哭得死去活來。曹禺已經渾身都成了拉里，鄭秀的心也一個勁兒隨著汪達的心跳動，兩人喝完毒酒，拉里緊拉著汪達的手，沉痛而憤慨地說著：「我恨這個世界，我恨這個殘暴、虛僞、強權、暴力的世界！」曹禺動情的聲音打動了台下觀衆的心，整個劇場一片沉靜、凝重。演出成功了，熱烈的掌聲持久不斷。這個戲在清華園內演了七、八場，連燕京大學的學生也趕來觀看。

鄭秀與曹禺一夜之間成爲校園「明星」，鄭秀被男生奉爲清華校花。她出盡風頭，走到哪裡，都有男生向她投來羡慕的眼光，她收到很多信，有提出交朋友的，有傾訴愛慕之心的，有直接求愛的。她看後，一律銷毀，不予理睬。她感到很幸福，感受到成功的快樂。她像所有的女性一樣，喜歡聽人讚揚奉承的話，喜歡被異性追隨，有一種被追隨的幸福感。她更加看重自己的形象，她出身名門，崇尚高雅，嚮往高貴，也愛虛榮，愛出風頭。她不能輕易接受一個普通小伙子的愛，她把自己的愛情與婚姻看得很重。原來，鄭秀出身官宦之家，祖籍福建，父親鄭烈是南京國民政府最高法院的法官，舅舅林文是黃花崗七十二烈士之一，姨父沈璇慶在南京政府海軍部任職。她出身在這樣的名門，從小就隨姨父進北京，在貝滿女中讀書，貝滿女中是當時的貴族女子學校。中學畢業後，按照父親的要求，考入清華大學法律系。她能講一口流利的英語。她父親對她的前途，對她的婚姻期望甚高。父親希望爲女兒找一個政界人物做乘龍快婿，她本人則希望至少找一個理工科的大學生，而且要一表人才，善於交際。她不太可能接受曹禺的愛情。曹禺的家庭已經衰落，而鄭家則如日中天。她鄭秀怎麼可能下嫁一個窮書生呢？

但是曹禺卻痴愛著，就像痴迷著戲劇一樣。他愛上鄭秀，一下子愛得很深很深，日思夜想，茶飯無味，課務無心，一個人陷在情感的火坑裡打著昏迷的滾。他以前沒有那麼深愛過一個異性姑娘，一旦他眞正地愛上了一個人，他就愛得很深很深。他的愛就像一團火，整個人在火中燃燒著，煎熬著，折磨著自己。他不善交際，就寫信。一個又一個晚上，他伏在圖書館的書桌上，寫了一封又一封信傾訴衷腸。他只管把寫信當作與鄭秀談心。寫完就發出，不管鄭秀是否回信，再寫第二封，第三封，第四封。那一段時間，他的橫溢的文學才華，他的濃郁如火的眞情全傾注在書信中。爲了愛，他在一封封書信中燃燒著自己的心靈。他無需專門刻意修飾，心中吐露出來的心靈的語言就是最動人的抒情詩。鄭秀讀著一封又一封情書，她開始感動了，她把這些書信一封封藏起來。她不回信。

曹禺急了！他的心落空了。他每寄出一封，第二天就等待收到復信，日復一日，次次落空。他就跑去找鄭秀。圖書館裡不能找人說話，他就跑到女生宿舍。那時清華女生都住在古月堂，那是被吳宓教授考證爲《紅樓夢》中怡紅院的古月堂。女生宿舍對男生是不開放的。多少次，他就在古月堂外邊守候著鄭秀，有時在古月堂邊的小樹林裡徘徊，痴痴望著鄭秀宿舍的窗戶，一宿又一宿。多少次他痴想著她能像朱麗葉那樣突然出現在陽台上來幽會「羅密歐」。但是鄭秀不出現在窗口。北方的冬夜是寒冷的，夜漸深，寒氣逼人，冷風一吹凍得手腳都僵麻了。

「去看看他吧，否則那小子會凍壞的。」同宿舍的女伴忍不住了。

「理他呢，我又沒叫他來。」鄭秀只管看書，頭也不抬。可她有點動心了。

曹禺終於病了。一個縱然不是「傾國傾城貌」，而一個則是「多愁多病身」，就像《西廂記》中普救寺裡的張生見不到鶯鶯小姐，張生一病不起，曹禺這次病得不輕，躺在病上輾轉反側痛苦呻吟。

「這回『拉里』可真是病了，病得不輕。人家想你想出毛病來了，一個人躺在床上直淌眼淚。小姐，快去看看他吧！救人一命，勝造七級浮屠呢。」鄭秀在伙伴的敦促下，終於去看望他了。這一天，鄭秀著實把自己打扮了一下。

愛情的力量是無限的。曹禺一見鄭秀又一次飄然降落「寒舍」，一躍而起，什麼病都忘了。

「我來遲了，真對不起。病得怎麼樣？」鄭秀伸過一隻手去，握住曹禺的手。

「我寫的那些信，你都收到了嗎？你不會怪我吧。」曹禺雙手緊握著鄭秀的手不放。他向她當面傾訴愛情。他傾訴自己的一見鍾情，傾訴自己對鄭秀的深情，他的痛苦。他訴說自己的家庭，內心的苦悶。他又傾訴自己的夢，就像夏天裡的一個春夢，乘著雪白的帆船，載著自己的心愛的人，在明亮的海空向著天邊的理想之境駛去。曹禺的熱火終於點燃了鄭秀的愛情，兩顆心貼在一起跳動著。

清華園內，經常可以看到他倆並肩的身影。他們一起去大禮堂欣賞貝多芬的交響樂，去教堂聽巴赫彌撒曲；他們一起談拜倫、雪萊的詩，談莎士比亞的劇本，一起背誦林肯那篇膾炙人口的歷史性演講；他們一起去看話劇演出；他們還一起到天津探望曹禺的母親。

清華圖書館西文閱覽室，曹禺經常讀書的座位，對面多了一位小姐有時坐在那裡靜靜地看書。有這位姑娘在一旁陪讀，曹禺不安定的靈魂寧靜了，讀書更認真了。

不過，他現在主要是在寫，他在寫一個戲，新的藝術創造開始了。

第四章　一鳴驚人寫《雷雨》

一九三四年，無論在曹禺個人創作道路還是中國現代戲劇史上，都是值得紀念的一年。這一年，曹禺發表了四幕話劇《雷雨》。《雷雨》一發表，立即轟動文壇。從此中國話劇這種從西方引進的戲劇形式走向了成熟。它訓練了一代又一代導演與演員，影響了許多劇作家。六十年來，《雷雨》歷演不衰，影響深遠。

當清華大學西洋文學系這位二十三歲的年輕人將他這部嘔心瀝血的處女作——這是曹禺創作的第一個劇本——奉獻在社會面前時，他是懷著怎樣喜悅而激動的心情啊。他禁不住地說：「我愛《雷雨》如喜歡在溶冰後的春天，看一個活潑潑的孩子在日光下跳躍，或如在粼粼的野塘邊偶然聽得一聲青蛙那樣的欣悅。我會呼出這些小生命是交付我有多少靈感，給與我如何興奮」。這是猶如母親撫慰自己嬰兒那種喜悅之情。當然，這個新誕生的「小天使」降臨社會後所產生的巨大震驚和深遠影響，這位年輕人當初是想不到的。

曹禺創作《雷雨》，從最初醞釀、構思到完稿，歷時五載。一九二九年，他剛入南開大學，正熱衷於演劇。演完《娜拉》，人們驚訝著他的演技，甚至有人稱他爲「天才」演員。但是曹禺心裡卻懷疑起自己來：「我不適合當演員！」也許是他認爲自己個頭矮小，許多角色不能擔任，作爲演員缺少發展前景；也許是他覺得自己的才華不是在演戲，他愛好戲劇，愛好文學，他要拿起筆；也許是他心中有著太多的苦悶、騷動、焦灼與憧憬，演別人寫就的角色無以發洩自己的壓抑。他有許多靈感，要表現，要寫，自由地傾瀉苦悶與壓抑，像易卜生那樣。是的，像易卜生一樣，像寫詩一樣寫出一個個戲，寫出自己的所思、所感、所痛、所憂。

確實，這個年輕人有著太多的苦悶、壓抑與憧憬，需要發洩，尋求表現。他的心裡，永感著亂雲似的匆促、切迫，不能在自己的生活裡找出個頭緒，又像在一片渺無人煙的沙漠裡，豪雨狂落幾陣，都立刻滲透乾盡，心靈又乾亢燠悶起來。他不知怎樣往前邁出艱難的步子。他開始尋求，日夜思索，醒著和夢著，像是眺望時有時無的幻影。多少漫長的人生探索啊！猛孤丁地他的眼前居然從石岩縫裡生出一棵葱綠的嫩芽——「我要寫戲！」

他覺出，這是他終於找到自己一生的道路。

「我要寫戲，穎如。」黃昏，他斜躺在大禮堂的草坪上，這樣稱呼著鄭秀。「我寫一個家庭，舊式家庭，就像我父親那一類舊式家庭。家裡很壓抑，人人都很痛苦，主人與僕人，關係很複雜，恩恩怨怨幾十年，最後一齊走向滅亡。」「你能寫好的，是的！」鄭秀輕聲鼓勵著他。鄭秀知道，曹禺爲了寫這部戲，進清華兩年來，已經寫了好幾次提綱，寫了許多個片斷，那些殘篇斷簡都塞在他床下的箱子裡。他折騰著那部戲，那部戲也折磨著他。

「這是一個悲劇，家庭悲劇？」

「是的，一個家庭悲劇，但又不是的。人是說不清的。我不想特意鞭撻誰，諷刺誰。我只想寫我感受到的。穎如，我總覺得有一種情感的洶湧的流推動著我，我要發洩被抑壓的憤懣。否則，我要憋死的。」他激動了。

「易卜生不是說過，他寫的不是社會問題，他是寫詩嗎？」

「對，我是把這戲作爲一首詩來寫。古人寫戲就是澆胸中之塊壘。關漢卿、湯顯祖都是如此。新近有個美國作家奧尼爾，他的戲充滿情感，他也是把戲當作詩來寫，從美的醜的中都能發現詩。」曹禺陷入了沉思。

「家寶，我能知道這部悲劇的主人公是誰嗎？」

「女性，一個受了新的教育的舊式女人。她的名字叫蘩漪。她是老爺的第三個妻子，不知怎麼的，與老爺前妻的兒子大少爺好上了。可是那大少爺又是沒有膽量的。這個家庭又很可怕，有許多複雜的人事，於是悲劇發生了。」

「這戲一定很感人。」

「我不想把它馬馬虎虎寫出來。我已經寫了好幾個提綱，幾個場面。但有的場面還沒有想透。」

曹禺又興奮起來。他告訴鄭秀，他最早想出來的，只是一兩段情節，幾個人物。那就是蘩漪。有一場戲，蘩漪知道大少爺好上了自己又要拋棄自己，他頻頻的幽會女佣人，蘩漪就跟蹤來到女佣人家。當她證實這是眞的，就從外面倒扣上窗戶，不讓大少爺出來，使大少爺被女佣的母親與哥哥發現。而這大少爺與女佣其實是同母異父的兄妹。於是亂倫的悲劇發生了。這場扣人心弦的戲已經寫好。

「穎如，我想利用今年暑假在學校裡全部寫出來，夏天我不回天津去了。」

「那我也寫信告訴父親，今年暑假不去南京。南京太熱，留在北京複習功課。」

這個戲寫一個中國舊家庭。老爺周樸園是煤礦董事長，早年留學德國，但是他在家中還是維持舊式家庭的一套，他要維護這個家庭秩序。三十年前，周家還在無錫，周樸園還是年輕的少爺，他愛上了女佣梅媽的女兒梅侍萍，並且和她生了兩個孩子。但是，家長決定要給他娶一位有錢有門第的小姐，由老太太作主把梅侍萍在大年三十的晚上趕出家門，留下一個大孩子在周家，另一個病孩讓侍萍帶走。之後周家遷到北方，周樸園現在的妻子蘩漪，是他十八年前明媒正娶的第二位太太，這個個性很強的中國舊式女人有著強烈的情感，愛與恨，周樸園不能滿足她，而對她管制很嚴。她失望了。三年前，周樸園的大兒子周萍（就是侍萍的親生兒子）從南京來到這裡，他與後母發生了曖昧關係，兩個人經常趁老爺不在家時在客廳裡「鬧鬼」。半年前，周家來了丫環四鳳，年輕貌美，周萍又愛上了四鳳，他爲了避開蘩漪決定一個人到礦上去。蘩漪發現周萍另有新歡，就叫來四鳳的母親魯媽，決定辭退四鳳。四鳳是周家男僕魯貴的女兒，而四鳳的母親魯媽即是三十年前的梅侍萍。梅侍萍坎坷淪落，最後草草嫁給魯貴，生下一女四鳳，四鳳之哥魯大海即是當年從周家帶走的病孩。魯大海作爲礦上罷工工人的代表這時正在找董事長周樸園談判。魯媽跨進周家，與周樸園相認，她痛苦地發現女兒正重蹈覆轍，發現周萍與四鳳兄妹亂倫，於是一場悲劇爆發了。

進入正式寫作前，他早把戲的情節框架構想成形。但是他這個戲不是單純寫故事，演情節，他要寫人，寫出他所知道的人的心靈，他的思想感情的複雜性與種種變化。「人是很複雜的」，寫戲主要是寫人，「刻畫人物，重要的在於揭示人物的內心世界——思想和感情。人物的動作、發展、結構，都來源於這一點。」他總是這樣提醒著自己。

他爲劇中的八個人物都寫了詳盡的小傳。也許這是張彭春指導他們排戲時，他受到的啓發。張彭春要求每一位演員即使演一個很次要的角色，即使這個角色只有幾句台詞，都要爲這個劇中人設想一部他的生平史，幹過哪些事，有過怎樣的經歷，怎樣的個性與思想。曹禺爲劇中人寫的小傳十分詳盡。他最注重對自己的劇中人要「眞知道」！

他對《雷雨》中周樸園這樣的封建家長是太熟悉了。他自己出生在類似的官僚家庭裡，他看到過許多這樣的人，有一段時間甚至可以說是和這些人朝夕相處。周樸園身上，顯然有曹禺的父親萬德尊的影子。萬德尊在家中很易發怒，經常在飯桌上訓人，搞得一家很壓抑，像《雷雨》中周樸園那壓抑窒息人的家庭氣氛，曹禺小時候在自己家中是領受夠了，所以他能在戲劇中寫得很眞切。但萬德尊又是一個充滿矛盾的人，他有文人習性，多愁善感，自己內心的精神狀態很空虛軟弱。家裡人嚇得不敢同他多接近，而他有時又很想找小家寶親熱一下。《雷雨》中的周樸園就頗近類萬德尊。周樸園在歷經家庭激變、感受人生無常時，就想找小兒子周沖說說話，他空虛寂寞。曹禺是把人的內心複雜性看透了。還有一個與萬家有經濟往來的天津大官僚買辦資本家周學熙，周家與萬家是世交，少年曹禺到周學熙家去過。周家的擺設很氣派，《雷雨》中周樸園客廳那堂擺設布置，就有周學熙家的印象在內。還有劇中周樸園的相貌取自曾來萬家爲萬德尊喪事點祖的軍閥齊某人。此人一副富態相，給曹禺留下很深的印象。還有好些個與萬德尊交往的人，曹禺從這個人身上取一點，從那個人身上取另一點，他要刻畫出一個有獨特個性、又有代表性的周樸園來。「我的家庭，是我認爲最有秩序的家庭。」這是周樸園的名言。當然，像周樸園那樣身份的人，曹禺在過去演劇中了解過不少。他演娜拉，就對專制的丈夫海爾茂十分熟悉。他扮演過煤礦董事長安敦一，還扮演過吝嗇的家長韓伯康，他還恨透了虛僞的律師吉斯。曹禺終於把這個人物刻畫成功了。

還有周萍，這位大少爺臉色蒼白，精神空虛，像是很痛苦的。他和他後母好上了，又甩不掉她，怕被父親發現，一旦被發現可不得了。所以他至今不結婚，只在外面鬼混。他的弟弟周沖覺得他可憐，不了解他。不知怎麼回事，周萍身上有曹禺哥哥萬家修的一點影子。萬德尊對大兒子懷著仇恨似的，恨他不成器，家寶也不了解自己的哥哥爲什麼這麼頹唐。

曹禺最傾注深情的，是劇中那幾位女性。魯媽、四鳳這一對母女的不幸命運深深牽動著他的人道主義的同情之心。還有蘩漪，是他傾注了最大熱情與最深敬意的女人。他想起了娜拉，娜拉這個現代女性解放的先驅，她對人的個性自由的追求應該成爲中國女性的追求，他把自己筆下的蘩漪視作現代中國的「娜拉」。他演過娜拉，易卜生的個性解放的反叛精神也是他心靈的精神。他始終記得林肯的演講，林肯所倡導的精神在召喚他：「一切人生來平等」，「民主值得人們用戰鬥爭取，自由值得人們用生命去換取」。這種精神一直在指引著他，成爲他創作的靈魂。他寫的這個女性，這個現代中國的「娜拉」，背著「亂倫」的罪名，用她瘦弱的手把個性解放與反叛封建道德的旗幟舉到自己所能舉到的高度，她的靈魂勇敢地發出一聲強烈呼喊：「我是人，一個要眞正活著的女人！」爲了塑造這些女性，他殫思竭慮，神魂顛倒，苦苦思索，廢寢忘食。在想到頭痛欲裂的時候，他走出圖書館，才覺出這「水木清華」的大花園裡，花花草草都是那麼流動著生命的氣息，感覺到清風、楊柳、淺溪、白石的流動，發現水波上浮蕩的黃嘴雛鴨，感到韶華青春，自由的氣息迎面而來。有時寫得太順暢了，他在陣陣快感催動下跑出圖書館，爬上不遠的山坡，在清涼的綠草上躺著，呆望著藍天白雲，他偶一回眸又凝神那暮靄中忽而紫青忽而粉紅的遠山白塔，漸漸在迷霧中消失。一任夏風吹拂柳條，撫摸著他的灼熱的臉，酷暑的蟬聲聒噪個不停，他一點也覺不出。

他終於完稿了！他拉著鄭秀走出圖書館，奔到體育館草地的噴泉邊，滿手捧起玉泉山引來的泉水，喝個涼透痛快，泉水是甜津津的，沁人心脾。他往綠草坪上一躺下，才覺察這一整天沒有喝水。

「穎如，今天把蘩漪與周萍的一場重場戲寫成了。蘩漪出場時的介紹，也完稿了。很長，我是下了點功夫的。讓我念給你聽。」

曹禺輕聲又充滿感情地朗讀起來：

她一望就知道是個果敢陰鷙的女人。她的臉色蒼白，只有嘴唇微紅，她的大而灰暗的眼睛同高鼻樑令人覺得有些可怕。但是眉目間看出來她是憂鬱的，在那靜靜的長的睫毛的下面，有時爲心中的鬱積的火燃燒著，她的眼光會充滿了一個年輕婦人失望後的痛苦與慾望。她的嘴角向後略彎，顯出一個受抑制的女人在管制著自己。她那雪白細長的手，時常在她輕輕咳嗽的時候，按著自己瘦弱的胸。直等自己喘出一口氣來，她才摸摸自己脹得紅紅的面頰，喘出一口氣。她是一個中國舊式女人，有她的文弱，她的哀靜，她的明慧，——她對詩文的愛好，但是她也有更原始的一點野性：在她的心，她的膽量，她的狂熱的思想，在她莫明其妙的決斷忽然來的力量。整個地來看她，她似乎是一個水晶，只能給男人精神的安慰，她的明亮的前額表現出深沉的理解，像只是可以供清淡的；但是當她陷於情感的冥想中，忽然愉快地笑著；當著她見著她所愛的，紅暈的顏色爲快樂散布在臉上，兩頰的笑渦也顯露出來的時節，你才覺得出她是能被人愛的，應當被人愛的，你才知道她到底是一個女人，跟一切年青的女人一樣。她會愛你如一隻餓了三天的狗咬著它最喜歡的骨頭。她恨起你來也會像隻惡狗狺狺地，不，多不聲不響地恨恨地吃了你的。然而她的外形是沉靜的，憂煩的，她會如秋天傍晚的樹葉輕輕落在你的身旁，好覺得自己的夏天已經過去，西天的晚霞早暗下來了。

鄭秀低首聽著，聽著，不禁淚水滿眶：「眞是一首詩，太感人了。這樣的虆漪，我從中國話劇、小說中還沒有讀到過呢。」

「穎如，你不知道，我算不清我親眼看見多少蘩漪。」曹禺激動起來，「在許多舊式家庭裡，當然她們多半沒有蘩漪的勇敢。她們都在陰溝裡討著生活，卻心偏天樣地高；熱情原是一片燒不熄的火，而上帝偏偏罰她們枯乾地生長在沙上。這類女人許多有著美麗的心靈，因爲不正常的發展和環境的窒息，她們變爲乖戾，成爲人們所不能了解的，受著人的嫉惡、社會的壓制，這樣抑鬱終身，呼吸不著一口自由的空氣的女人，在我們這個現實社會裡不知有多少吧。」

「有誰懂得她們的心呢？你的戲，一定要寫出中國女性的痛苦。」

「是的，我寫。第一幕就有一場戲，喝藥。她的丈夫周樸園剛從外地歸來，就逼她喝藥。她不願喝，這種苦藥，周樸園認爲蘩漪精神不正常，必須聽他的話把藥喝下去。這場戲，我是下了功夫的，已經改了好幾遍了。」曹禺取出幾張稿子，鄭秀輕聲念著：

周蘩漪　（懇求地）哦，留著我晚上喝不成麼？

周樸園　（冷峻地）蘩漪，當了母親的人，處處應當替孩子著想，就是自己不保重身體，也應當替孩子做個服從的榜樣。

周蘩漪　（四面看一看，又望望萍，拿起藥，落下眼淚，忽而又放下）哦，不！我喝不下！

周樸園　萍兒，勸你母親喝下去。

周　萍　爸！我——

周樸園　去，走到母親面前！跪下，勸你的母親。（萍走到蘩漪前）

周　萍　（求恕地）哦，爸爸！

周樸園　（高聲）跪下！（萍望蘩漪和沖；蘩漪淚痕滿面，沖身體發抖）叫你跪下！（萍正向下跪）

周蘩漪　（望著萍，不等萍跪下，急促地）我喝，我現在喝！（拿碗，喝了兩口，氣得眼淚又湧出來，她望一望樸園的峻厲的眼和苦惱著的萍，咽下憤恨，一氣喝下）哦……（哭著，由右邊飯廳跑下）

「喝藥這種事，在舊家庭是經常發生的。可難為你寫得這樣有戲。再加上還要周萍勸她喝。我認為，這是蘩漪最受不了的，最使她痛苦失望的。對了，家寶，蘩漪身上，是不是有你過去告訴過我的一個人的影子，你那位很要好的同學的嫂子？」鄭秀關切地問。

「是的，她的丈夫是一個相當好的人，她也很賢慧。我聽說她和我那個同學有了愛情關係。我很同情她。我知道，我那位同學是不會為這個愛情犧牲什麼的。這個女人，我見過，她就像在我心中放了一把火。」曹禺告訴鄭秀：「這個女人的丈夫，比她大十幾歲，人很老實很死板，連長相都很呆板。她二十五歲還沒結婚，在那時就算年紀太大了，就當了人家的續絃。她長得漂亮、聰明，還能唱昆曲。丈夫多方面都不能滿足她，思想感情上不滿足，生理上也不能滿足。在老式的家庭中，她顯得比較活潑些，不是那麼穩重，照那時的說法，就算不規矩了。」

「她是可以原諒的，可以原諒的。這個女人，妻子不像妻子，母親不像母親，照世俗看來就是『罪大惡極』。——當然，我是不贊同她這樣偷偷摸摸，不光明正大的做法。——但是我理解她，做女人更加苦，在那樣的環境裡，眞是個值得哀憐的可憐的人。」鄭秀嘆息道。

曹禺心裡略作一頓，接下去說：「我的戲裡，蘩漪的可憐，她的痛苦，還在於她碰上了周萍這樣一株弱不禁風的小草。周萍開頭有勇氣，後來害怕了。你看，這一段，是第二章的重場戲，有的台詞剛剛改定，蘩漪抓住周萍不放，責問周萍——」

鄭秀文接過曹禺遞來的劇本，念起來：

周蘩漪　（低沉地）但是你最對不起的人有一個，你反而輕輕地忘了。

周　萍　我最對不起的人，自然也有，但是我不必同你說。

周蘩漪　（冷笑）那不是她！你最對不起的是我，是你曾經引誘過的後母！

周　萍　（有些怕她）你瘋了。

周蘩漪　你欠了我一筆債，你對我負著責任；你不能看見了新的世界，就一個人跑。

周　萍　我認爲你用的這些字眼，簡直可怕。這種字句不是在父親這樣——這樣體面的

周蘩漪　家庭裡說的。

周蘩漪　（氣極）父親，父親，你撇開你的父親吧！體面？你也說體面？（冷笑）我在這樣的體面家庭已經十八年啦。周家家庭裡所出的罪惡，我聽過，我見過，我做過。我始終不是你們周家的人。我做的事，我自己負責任。不像你們的祖父，叔祖，同你們的好父親，偷偷做出許多可怕的事情，禍移在人身上，外面還是一副道德面孔，慈善家，社會上的好人物。

周　萍　蘩漪，大家庭自然免不了不良分子，不過我們這一支，除了我，……

周蘩漪　都一樣，你父親是第一個僞君子，他從前就引誘過一個良家的姑娘。

周　萍　你不要亂說話。

周蘩漪　萍，你再聽清楚點，你就是你父親的私生子！

周　萍　（驚異而無主地）你瞎說，你有什麼證據？

周蘩漪　請你問你的體面父親，這是他十五年前喝醉了的時候告訴我的。（指桌上相片）你就是這年青的姑娘生的小孩。她因爲你父親又不要她，就自己投河死了。

周　萍　你，你，你簡直……——好，好，（強笑）我都承認。你預備怎麼樣？你要跟我說什麼？

周蘩漪　你父親對不起我，他用同樣手段把我騙到你們家來，我逃不開，生了沖兒。十幾年來像剛才一樣的凶横，把我漸漸地磨成了石頭樣的死人。你突然從家鄉出來，是你，是你把我引到一條母親不像母親，情婦不像情婦的路上去。是你引誘的我！

周　萍　引誘！我請你不要用這兩個字好不好？你知道當時的情況怎麼樣？

周蘩漪　你忘記了你這屋子裡，半夜，我哭的時候，你嘆息著說的話麼？你說你恨你的父親，你說過，你願他死，就是犯了滅倫的罪也幹。

周　萍　哦——（嘆一口氣）總之，你不該嫁到周家來，周家的空氣滿是罪惡。

周蘩漪　對了，罪惡，罪惡。你的祖宗就不曾清白過，你們家裡永遠是不乾淨。

周　萍　年青人一時糊塗，做錯了的事，你就不肯原諒麼？（苦惱地皺著眉）

周蘩漪　這不是原諒不原諒的問題，我已經預備好棺材，安安靜靜地等死，一個人偏把我救活了又不理我，撇得我枯死，慢慢地渴死。讓你說，我該怎麼辦？

「眞是唇槍舌劍，驚心動魄，怪不得你說過，蘩漪這個人，是『最殘酷的愛和最不忍的恨』的結合。家寶，這個戲最後如何結局？」鄭秀關切地問。

曹禺告訴鄭秀，最後一幕，周樸園當衆認出魯媽就是三十多前的梅侍萍，她是周萍的生母，這樣周萍與四鳳的兄妹亂倫就暴露了。四鳳痛苦難當，在雷雨中觸電而死，周沖也一起誤觸而亡，周萍開槍自殺，魯媽、蘩漪經受不了刺激都發瘋了，魯大海出走，只剩周樸園一個人孤零零地還活著。

曹禺說：「戲已經寫完了，這四、五年來我朝思暮想的心事終於完了。但我還並不怎麼想立即發表，我想把稿子交給我的朋友章靳以。」

這時，章靳以與巴金正住在北京北海三座門大街十四號，那是《文學季刊》編輯部。僻靜的小院裡，經常聚著幾位受好文學的青年，沈從文、卞之琳、鄭振鐸、謝冰心，曹禺也常去聚談。有時候，他與靳以、陸孝曾、巴金相約去廣和樓看京劇，欣賞楊小樓、余叔岩等著名藝術家的表演。

靳以與曹禺是中學同學，他正在編《文學季刊》。靳以也許覺得曹禺和自己太近了，爲了避嫌，把曹禺的劇本暫時放在抽屜裡。過了一段時間，靳以對巴金談起曹禺有一個厚厚的劇本在這裡，巴金從抽屜裡翻出這個劇本，連夜一口氣讀完，激動萬分，他發現了一個劇壇新星。他主張馬上發表，靳以當然欣然同意。巴金後來在回憶當初發現《雷雨》時說：「我感動得一口氣讀完它，而且爲它掉了淚。不錯，我落了淚，但是流淚以後我卻感到一陣舒暢，同時我還覺得有一種渴望，一種力量在我身內產生了。我想做一件事情，一件幫助別人的事情，我想找個機會不自私地獻出我的微少的努力。」

一九三四年第一卷第三期的《文學季刊》全文發表了署名曹禺的四幕悲劇《雷雨》。那時巴金已是一位有影響的作家，他已經發表了《滅亡》、《新生》、《愛情三部曲》、《家》等著名長篇小說，但是他還是努力發現人才，像一位辛勤的園丁，培育、提攜文學新人。巴金發現《雷雨》，也就發現了曹禺這位戲劇天才。這成爲中國文壇的一段佳話。

《雷雨》最初發表，國內尚未來得及作出反響，就被兩位關注中國新文學的日本學者發現。他倆把刊有《雷雨》的《文學季刊》帶去茅崎海濱，推荐給正在那裡度假的中國留學生杜宣。杜宣酷愛戲劇，讀了《雷雨》，喜歡得了不得，認爲「《雷雨》雖然受到歐洲古代命運悲劇和近代易卜生的影響，但它是中國的，是戲劇創作上的重大收獲。」他就找來吳天、劉汝禮一起任導演，演員由賈秉文、陳倩君、邢振鐸、喬俊英等中國留學生擔任，又讓邢振鐸將《雷雨》立即譯成日文，應付日本警視廳審查。一九三五年四月二十七日至二十九日，《雷雨》由這批留日學生組織的「中華同學新劇公演會」在日本首次公演。異國東京的神田一橋講堂裡，這幕控訴中國舊家庭的悲劇首次被搬上舞台。當時正流亡日本的著名文學家郭沫若受他們邀請前來觀看演出。之後，郭沫若爲《雷雨》日譯本作序，讚揚「《雷雨》的確是一篇難得的優秀的力作」，「作者在中國作家中應該是傑出的一個」。緊接著，一九三五年八月十八日，天津市立女子師範學校孤松劇團在該校大禮堂演出《雷雨》，演員有陶一、李琳、嚴如、吳天等。「當年海上驚雷雨」，文學家茅盾的詩句概括了《雷雨》在社會上引起的巨大轟動。在《雷雨》發表之前，中國新興話劇很少有成功的多幕劇，演出範圍也主要局限在學校裡，全國沒有一個專演話劇的職業性劇團，這主要因爲話劇演出生意清淡，難以維時生存。《雷雨》之後，從西方引進的中國話劇走向成熟，國內第一個專演話劇的職業劇團中國旅行劇團就是以演《雷雨》、《日出》而成功。那時，沒有一個話劇團不演過《雷雨》。理由很簡單，誰演《雷雨》，誰就擁有看不厭的觀衆，誰就會賺到更多的錢。著名美籍漢學家夏志清說：「由於他的成功，幾個劇團乃應運而生，不少作家也因此改行寫劇本。如果沒有這一開端的話，那麼在內地和已淪陷的上海，戰時群衆對現代話劇的反應，就不會有這麼迅速和熱烈。」文壇宿將曹聚仁在《文壇五十年續編》中說，《雷雨》的演出，使它與「各階層小市民發生關聯，從老嫗到少女，都在替這群不幸的孩子們流淚。而且，每一種戲曲，無論申曲、越劇或文明戲，都有了他們扮演的《雷雨》」。他說，一九三五年「從戲劇史上看，應該說進入《雷雨》時代」。

第五章　黑夜裡企盼「日出」

寫完《雷雨》，曹禺即從清華大學畢業。清華大學令他戀戀不捨。他一生中的青春年華在這裡度過，他的知識在這裡汲取，他的人生道路從這裡開始，他的耗盡心力的得意之作在這裡完成。清華，爲他打開了心靈的視野、知識的視野，促發他去更深入地思考人生。清華的生活爲他一生的發展奠下了深厚的基石。他銘謝清華，銘謝清華的師長，他也銘記著清華的學友。許多收獲，許多快樂，許多友誼，將會慢慢回味，久久記憶。他覺得清華的花花草草、樹木亭台，對於他來說都是有生命，有靈性，有感情的，它們伴著他與鄭秀愛情的滋長，伴著他知識的增長。他告別清華，將愛留給清華，也留在一個人的心裡。

他面臨人生道路的抉擇。他希望出國深造，那時清華、北大等一些大學從事戲劇研究的先生都是留學生，像張彭春，像王文顯，還有北大著名教授宋春舫，洪深也是在哈佛大學貝克教授那兒學習戲劇。他所欽佩的美國當紅戲劇家奧尼爾也是貝克教授的門生。他參加了兩次清華的公費留美考試，兩次都名落孫山。第一次是攻讀舞台美術專業，張駿祥考取了。第二次是攻讀戲劇學專業，錄取了另一位同學。曹禺的英語水平是好的，他讀書最多，尤其是戲劇方面下功夫更深。但是曹禺讀書是從自己的興趣出發，從自己思考的問題入手去讀書，他讀得多，也勤於動手，勤於思考。他認定了自己的專業就拼命下功夫，不捨晝夜，鑽得很深。他讀書不是爲了考試，他不在乎考試成績。所以，有的課程，他的考試成績平平。留美考試要考課內的課程，有的人就全力以赴對付這幾門課程，一下子考上了，而曹禺卻失去了赴美留學專攻戲劇的機遇。他有點遺憾。但是他相信自己的才幹，他有實力，他會成功。後來的歷史證明，如果萬家寶赴美留學，他就要走另一種人生道路，也許中國劇壇就失去了一位領導戲劇潮流的天才劇作家曹禺，中國的話劇就失去了最富神采、最輝煌的篇章。他寫中國人生的戲要面向中國，他的成功在中國，中國劇壇也深情地報答了他。

他考取了清華研究院，當研究生專攻戲劇，每月有三十塊錢的生活費，在那時也就夠了。但是曹禺是藝術家型的人，他不可能沉下心來，「板凳甘做十年冷」或「面壁三年」，皓首窮經地鑽故紙堆。他在清華大學的畢業論文是《論易卜生》，他對易卜生戲劇是很熟悉的，只是參考了一下蕭伯納的著名論文《易卜生主義精華》，他沒下多少功夫，就用英文寫成了。那時他心思在寫《雷雨》上。現在，他的心思仍在創作上。他心裡有許多苦悶、騷亂，他在思考、探索，他需要發現，他要走向生活、體驗人生。於是經人介紹，他到保定去教中學，月薪不菲，大洋二百四十元。但是他又不適應，兩個月後便因病回到北平。他只能仍在清華研究院研究戲劇。

北平有他的戀人在等候他，經常來看望他，曹禺又甜甜蜜蜜地沉醉在戀愛的溫柔鄉里了。北平還有他的文友，他與靳以、巴金、沈從文、卞之琳、蕭乾等人，經常聚到城內三座門大街十四號去，那個僻靜的小院裡一群文學青年常聚一起談文學、談藝術、侃人生，成了一個文學沙龍。

夏天，他與鄭秀去了一次上海。

一九三四年九月，他應老同學楊善荃邀請，到天津河北女子師範學院任教授。楊善荃是這所學院的外文系主任，他聘曹禺任外國文學教授，講授外國文學、《聖經》文學，還帶點法文課。曹禺一一承應。他住在學院教師宿舍樓上一個單間。他又回到天津，見到自己的母親，見到南開的老師、同學。鄭秀還在清華讀書，她常來天津帶去溫暖，他也常去北平幽會。

這時，張彭春又從美國返回天津了。這對師生，久別重逢，自有許多話語。張彭春在美期間，恰逢梅蘭芳赴美演出，他就主動協助梅蘭芳，向美國藝術界、美國觀衆介紹梅蘭芳與中國京劇。梅蘭芳每次演出開幕前，他都先到台上用英語向美國觀衆介紹當晚公演劇目，指導如何欣賞，還聯絡文藝界、新聞界舉行座談、交流。曹禺知道了中國戲曲在國外的地位，也從張彭春那裡知道了美國劇作家奧尼爾的近況。這次張彭春發現曹禺的談吐果然又與過去不同，「士別三日，當刮目相看」。曹禺將刊有《雷雨》的《文學季刊》恭恭敬敬地送在張先生面前。張先生聽說家寶寫了一個好戲，這個戲對過去家寶曾向他談起過最初的構想，張彭春也談過一些看法，告訴他不妨多看些易卜生、高爾斯華綏的戲劇。現在劇本已經問世，張彭春讀了當然喜不勝言。作爲一位教師，最大的快樂就是看到學生的成長，就是看到學生拿出了優秀的成果。曹禺是張彭春的得意門生。當年曹禺從十六歲開始參加張彭春主持的南開新劇團，尙是一位稚嫩的少年。十八歲在張彭春指導下演出《壓迫》，張彭春立即發現了曹禺的演劇天才，接連讓他在《國民公敵》、《娜拉》中擔任主角。曹禺因爲演女角出名，被南開新劇團的伙伴同好喜稱爲「一朵花」，是張彭春的「一朵花」。每當排演到某一段，曹禺演得特別精彩，張彭春高興得了不得，就把他擁抱起來。他們就是這樣指導，這樣合作。在張彭春指導下，曹禺進入戲劇天地翺翔。曹禺視張彭春爲第一個引導自己走向戲劇的導師。面對恩師，往事前景一幕幕湧上心頭眼前，當他向張先生雙手捧上《雷雨》時，淚眼濕潤了。

「家寶，你要多寫。易卜生、高爾斯華綏都是一生創作豐富，劇本一個比一個好。家寶，你下一個戲準備寫什麼？」

曹禺略一停頓，說：「我想寫一個都市人生的戲，題目也許叫《日出》。在那個戲裡會有一句詩，『太陽升起來了，黑夜留在後面。但是太陽不是我們的，我們要睡了』。戲裡要有這句詩，它在我的腦子裡盤旋了幾年，是一位女性喜歡的。我會寫進去。」

「下一個戲要同前一個戲不同。中國舊戲的名角，一戲有一招，所以能不斷吸引觀衆。藝術家一生都在探索。像易卜生，他早期的戲可以稱爲浪漫詩劇，如《培爾・金特》富有詩意的追求，中期寫了好多反映現實的戲，咱們國內稱爲社會問題劇，像《娜拉》、《群鬼》、《國民公敵》，但易卜生並不僅僅是寫社會問題。他晚年的戲注重心理分析，採用象徵手法，像《野鴨》、《羅斯莫莊》。卓越的藝術，最終都追求象徵，超越現實。戲劇終究是詩。哦，對了，我這幾年在美國，看了尤金・奧尼爾的戲，奧尼爾的創作力旺盛，不斷有新作問世，他的每個戲都同過去的戲不一樣，不斷嘗試新的手法。包括我們中國京劇的面具，也被他在一個戲《大神布朗》中使用了。他最近的戲，又在運用精神分析學翻新希臘悲劇，以《俄羅斯忒期》爲骨架，重親創作悲劇三部曲，有人把它譯爲《悲悼》。」

曹禺覺得張先生的話眞是一語中的，說到要緊處去了。他自己寫完《雷雨》，就發現這個戲明顯受到佳構劇的影響，過多的偶然與巧合。他想換一種寫法。「張先生，你說對了，《雷雨》太像『戲』，我會捨棄《雷雨》中所用的結構，不再集中於幾個人身上。我想用片斷的方法寫一個新戲，用多少人生的零碎來闡明一個觀念。這個故事也許發生在一家大飯店中。」

「你看過美國電影《大飯店》嗎？葛萊泰．嘉寶與華雷斯．皮萊主演的，轟動世界影壇，我在美國看過。現在歐美文壇正流傳一種小說新文體，Group Novel，可以譯爲群體小說。這類小說中沒有通常小說中的所謂主角，寫一群互不相識的人偶然湊在一處，通常是旅館，展現各自不同的生活片斷與命運。電影《大飯店》就是根據同名小說改編的。當然，俄羅斯高爾基的《在底層》也就是許多人聚集在一家小旅店裡發生的故事，這可是個名劇啊！」

「我要寫的這個戲，不同於《雷雨》的結構，所謂結構的統一藏在一個觀念裡。張先生，上次我去了一次上海。十里洋場，花花世界，眞是冒險家的樂園。這和咱天津這個『東方小巴黎』一樣。我是感慨萬千。我讀過《老子》，老子說：『天之道損有餘以奉不足，人之道損不足以奉有餘。』這個新戲就是寫『人之道』，一個鮮血滴滴的印象。戲裡會有一個漂亮的女性，也許是高級交際花，她出身書香門第，後來沉淪都市，是住在一家豪華大飯店裡的單身女人，又不甘淪落，終於自殺了。但她又不像左拉的娜娜，她是另一種人。」

「有原型嗎？」

「有，也可以說沒有。阮玲玉的死，實在令人憤慨不平。要知道，阮玲玉死於三月八日，那是國際婦女節，而一個成功的女性孤苦無告地自殺了。她感到『人言可畏』，社會在殺人啊。我看過她演的不少電影，是位很有才華的演員。她的死，使我久久不能平靜。當然，還有別的人，促使我要寫一個大都市豪華生活中的現代女性。」

由於《雷雨》的成功，曹禺醞釀創作第二部戲《日出》。當紅影員阮玲之死是觸發他寫出《日出》的一個因素。阮玲玉在三十年代出色地扮演了許多中國婦女，她的「清水出芙蓉」的表演體現出高度的藝術成就。但是正當她可以走向新的成功時，她卻被推向惡毒的謠言與可恥的誹謗中，這位年僅二十五歲的女性只能含恨自殺，死時留下「人言可畏」四字以示對這個社會的抗議。阮玲玉出身貧寒，她的父親早死，母親爲一富人家當佣。一個偶然的機會她走上影壇，一舉成功。由於她本身有許多不幸遭遇，所以她在電影中扮演承受不幸遭遇的女性角色，能從自己的身世與內心出發去體會。她將自己的感受融入了劇中人的內心，她扮演的女性角色一個個獲得高度讚譽。其中由吳永剛導演的《神女》更被讚爲三十年代中國電影的經典之作。但是這些控訴黑暗社會的進步影片也惱怒了黑社會。她曾經在寄人籬下與母親當佣時，被一姓張的欺騙、玩弄，並與他有過婚姻關係。在阮玲玉從影的過程中，張某處處要挾，控制阮玲玉，終於發展到以卑鄙手段將阮玲玉狀告到法庭，暗中策劃小報記者在報紙上折掀起誹謗、陷害阮玲玉的狂潮，迫使阮玲玉在三月八日開庭那天吞食安眠藥自殺。阮玲玉的死在社會引起巨大震動，文藝界與社會百姓爲此憤慨不平，許多人去吊唁，十萬人爲她送葬。曹禺看過她的電影，阮玲玉的死使曹禺一連好幾天沉浸在激憤之中。他讀了當時報刊上發表的好多文章，他思索著，思考人生，思考社會。究竟是阮玲玉的軟弱，抑或某個惡人從中捉弄，還是社會的問題？

他見過沉迷在紙醉金迷中的舞女，見過被一群男女衆星捧月般簇擁著的交際花，也見過這些人中之尤物有的沉淪，有的自殺。

有一段時期，他常去天津鬧市區豪華的惠中飯店。他看到、聽到更多人間光怪陸離的面相。

一九三五年秋，中國旅行劇團來天津公演《雷雨》。不久前，孤松劇團的演出畢竟是校園戲劇，在社會上的影響不是很大，而「中旅」已在國內創下名聲，演員陣容強大。這次「中旅」到天津作《雷雨》的首演，一炮打響。團長唐槐秋酷愛戲劇，傾囊組團。過去以演出《少奶奶的扇子》、《茶花女》爲主，創下票房價值。他看中《雷雨》是個好戲，有戲可演，上座率高，一心把它搬上舞台。先是徵得曹禺同意，在北京公演，卻不料因其內容「有傷風化」而遭到禁演。唐槐秋就帶「中旅」到天津演出，倒也比較順利。他邀曹禺前去指導排戲。曹禺在女子師範學院教書，他當然十分關心這個戲如何搬上舞台，就利用課餘時間，常去中旅下榻的惠中飯店。

惠中飯店坐落在天津鬧市區的中心，面對有電車道交叉的十字路口，斜對面就是始建於清代的勸業場，到三十年代已經發展爲天津最大的百貨、遊樂場。勸業場是曹禺小時候常隨母親去聽戲的地方，那裡還有許多玩意兒，各路百貨應有盡有，生意一向興隆。商店、銀行鱗次櫛比，十字路口人來車往，電車「噹噹噹」忙著在這裡拐彎。豪華、洋氣的惠中飯店居中座落，顯得更加氣派。

曹禺去得多了，對惠中飯店裡裡外外的人物，了解得更多，看得更透。這座大飯店裡住著各色各樣人物，銀行家、實業家、小官吏、高級職員、黑社會的流氓頭子、寡婦、面首、交際花以及各種到這裡來尋開心、找刺激的人。上午，飯店裡很清靜，那些有錢人玩了一夜，上午都把窗帘拉起來，在睡覺。下午開始有人活動，有人在做交易，做生意，經濟的、法律的、或者人口交易種種違法亂紀的，都在一個個房間裡悄悄而緊張地進展。到吃晚飯的時候，這些人都出現了。老爺被渾身珠光寶氣的姨太太挽著，年輕的少爺摟著妖嬈的情婦，地痞、流氓在這裡竄出竄進。你一看那穿著與神態，就知道他或她是些什麼人，正發生著什麼事，可千萬別惹著他什麼。當然，大家如果相安無事，他也不會輕易找你麻煩，但如果他覺得你妨礙了他點什麼，那是逃不過他的。他們的背後是黑社會，黑社會有頭。惠中飯店裡，就有黑社會的頭腦常年住著，他一個人常年包了一溜房間，要怎樣就怎樣。銀行家、實業家也在這裡進出，他們到這裡來尋尋開心，找找刺激，捧捧歌女、舞女，捧捧交際花。漂亮的姑娘有的是，只要有錢就會有人送上門。他們之間的交易，他們之間的勾心鬥角，也在這大飯店的飯局酒席、牌局賭桌上進行，今日張三發財，明日李四破產，有的人買空賣空、投機倒把，有的人聯絡軍政界、金融界控制股票，使股市行情大起大落，令散戶在多頭、空頭的輪番交戰中暈頭轉向，傾家蕩產，跳樓自殺，他坐收巨利。在這裡，有的人可以一天突然升上高座，成爲衆人羨慕的紅人，又一天可以驟然跌下深淵，無路可走。曹禺熟悉一個人，他是一位公司的秘書，勤勤懇懇，到處巴結，一心爬上去，他善於鑽，善於使點手段抓住機會。一次他趁董事長不在，偷看了董事長簽署的一份合同，他探知公司已有名無實，這份合同證明董事長已將一家企業抵押出去，爲了替銀行虛張聲勢就在外面再造高樓。他掌握了這個秘密，要挾董事長任命他爲襄理。他派了自己的老婆去陪要人們的太太打牌，典當了結婚首飾還非要在牌桌上輸掉，家中的孩子患急病，要送醫院，他可以不管。他一心巴結，勾心鬥角。很快，公司破產前，被董事長抓住一個把柄解聘了他，他灰溜溜地走了，董事長也隨即垮台。這樣的人物，他在自己的家庭裡也常聽父親和客人們談起，他親見過這樣的人，這次在惠中飯店又了解得更多。眞是爾虞我詐、你死我活的一個社會。他想起，這和他在上海的所見所聞一樣。這兩個沿海的大都市最能顯示出當時中國都市發展與腐敗的特徵，集中了這社會的醜行和罪惡。暴發戶的貪婪，實業家的破產，高樓上的淫笑，地獄裡的抽泣，富人酒食喧騰，窮戶啼飢號寒，到處是陰謀、傾軋、卑鄙、陷害，到處是失業、流離、賣身、自殺。

腐敗滋生著蛆蟲。流氓、妓女、面首，隨處可見，大腹便便、年近花甲的資本家擁著身材苗條的姑娘，那姑娘嗲聲嗲氣地稱他「我的老爸爸」。一位年過半百的富孀爲了塡補寂寞空虛，養著一位小白臉，此人陪她吃飯、跳舞，也陪她睡覺，爲她逗樂，爲她找回失去的青春。她認爲這就是愛情：「愛情就是你甘心情願地拿出錢來叫他花，他怎麼胡花，你不必心痛——這就是愛情！」一位從國外留學歸來的博士，憑著自己有錢，就要同妻子離婚，不管那妻子已同自己生了兩個孩子，他需要一位漂亮的交際花。在這裡，只要有錢，任什麼事都可辦到；沒有了錢，就寸步難行，死路一條。一個小公務員，每月工資十元二毛五，從早到晚不停地謄抄，但公司爲了節省開支，就把他裁了，他失去了唯一的收入，就用滅鼠藥毒死五個孩子，自己也發了瘋，念叨著「十塊二毛五」，自殺了。

一天上午，惠中飯店的大堂裡幾層樓面都靜悄悄的。忽然，茶房驚叫起來，原來一位交際花自殺了。這是一位長期包住了一大套豪華房間的漂亮小姐，包她的那位資本家破了產，她忽然失去了依靠，就吞食安眠藥永遠離開了這惠中飯店。據說她口塗胭脂、頭戴珠飾、穿著最漂亮的衣服安靜地躺在自己的床上，她是愛自己、愛生活，卻又離開人世。整個飯店頓時擾嚷緊張，人們紛紛擁向那個房間，走廊、大堂裡擠滿了人。所有的女人都流淚，在場的男人都感嘆。曹禺想起，好多次在大堂裡目睹過這位高級交際花的迷人風采。她總是在傍晚時分出現在公衆場合，滿身珠光寶氣，光彩逼人，周圍簇擁著一堆男女，她總是微笑著手挽著一位發福的中年人，又似乎旁若無人地走出餐廳、走向停車門口的小汽車。曹禺從騷亂的人群中退回自己的房間。他很痛心，他在思考。他不明白這位年輕女性臨死前想了些什麼，一位老板倒台了，還可以找另一位靠山，她還年輕，很漂亮。爲什麼她不願意再在這條路上走下去了呢？究竟發生了些什麼事？

他思緒翻滾，他坐立不安，他有著一般年輕人按捺不住的習性，問題臨到頭上，恨不得立刻搜索出一個答案，苦思不得的時候便冥眩不安。流著汗，他急躁地捶擊著自己，如同肚內錯投了一副致命的藥劑。這些年在這些光怪陸離的社會流蕩中，他看見多少夢魔一般的可怖的人事，這些印象他至死不會忘記，它們化成許多嚴重的問題，死命地突擊著他，灼熱他的情緒，增強他的不平之感，他有如一個熱病患者。他整日覺得身旁有一個催命的鬼低低地在耳邊催促他，折磨他，使他得不到片刻的寧貼，他忽兒想到阮玲玉的死，可憐的「女神」不幸的形象飄到他的眼前；他忽兒想到艾霞的死，這是又一位女明星痛苦地結束了自己的生命；他忽兒又想到他們認識的一位王小姐，王小姐美麗迷人的風度飄到他的眼前。這位王小姐的父親和曹禺的父親很要好，王小姐也到萬家來過。曹禺認識她，她的確長得漂亮，舉止風度落落大方。當時她和《益世報》的羅編輯同居了。羅是有婦之夫，可羅某人去南開大學講課，王小姐也跟著他坐汽車去。她的風流韻事在文化界流傳著。當然，王小姐不是交際花，她是拿著自己的青春在胡鬧，她不賣錢。就像曹禺那位同學的嫂子點燃了《雷雨》中的蘩漪的形象，曹禺從阮玲玉想到惠中飯店自殺的交際花，想到風流的王小姐。這位王小姐一下子在曹禺心中放了一把火，他的創作靈感燃燒起來了。

他要寫一個女性，出身書香門第，上過大學，漂亮迷人，單身一人住在一家豪華旅館，被一群人包圍著、奉承著，也被這群人玩弄著、解著悶。她已經迷醉於這紙醉金迷、燈紅酒綠的生活，她無法自拔。他是一隻金絲籠中的鶯。忽然有一天，她的同學，也是她最初的戀人從千里之外來到這個大都市尋找她。這位純正、憨勁兒的年青人要將她從這籠中救走，「我要你跟我回去」。但是她輕輕地拒絕了。這些年的飄泊教會了她，世界上沒有她在女孩子時代所幻夢的愛情。生活是鐵一般的眞實，有它自來的殘忍！她自己所習慣的種種生活方式，是最狠心的桎梏，使你即使怎樣羨慕著自由，怎樣憧憬著情愛裡偉大的犧牲，也難以飛出自己的生活的狹籠。因爲她試驗過，她曾經如一個未經世故的傻女孩子，帶著如望萬花筒那樣的驚奇，和一個畫人似的男人飛出這籠；終於，像寓言中那習慣於金絲籠的鳥，已失掉在自由的樹枝裡盤旋的能力和興趣，又回到自己的醜惡的生活圈子裡。當然她並不甘心這樣生活下去。她很驕傲，她生怕旁人刺痛她的自尊心。但她只有等待。等待著有一天幸運會來叩她的門，即意外地得一筆財富，使她能獨立地生活著。然而她更清楚，也許有一天她所等待的叩門聲突然在深夜響了，她走去打開門，發現那來客，是那穿著黑衣服的，不作一聲地走進來。她也會毫無留戀地和他同去，爲著她知道生活中意外的幸福或快樂畢竟總是意外，而平庸、痛苦、死亡永不會放開人的。於是，她請他留下來一兩天，「你可以看看這裡的人怎樣過日子」。

於是劇中，在這位憨勁兒的青年人面前，展開了這個社會光怪陸離的面相，銀行家、實業家、小官僚、留學生、富孀、面首、妓女、流氓、打手、削尖腦袋往上爬的職員、失業待斃的小公務員等形形色色的人生。

爲了同情一個可憐的小女孩，這位年青人又找到下等妓院。因爲一個流氓頭子要佔有她，小女孩不肯，就被小流氓賣到三等妓院裡，而他想把小女孩救出來。那一條胡同螞蟻窩似地集中了許多這樣的三等妓院，骯髒、混亂、臭氣逼人，充滿了所謂「人類的渣滓」。院內是一排排鴿籠似的小屋子，從這個洞到那個洞川流不息來往著各色各樣的嫖客，門口貼著「南國生就美佳人，北地天然紅胭脂」的對聯，以及「情郎艷鄉」、「桃源佳境」的橫幅。只要來一個男客，便有一窩蜂似的妓女走出來，她們的名字或者叫翠玉、黛玉，或者叫金桂、海棠，都是一樣地在飢餓線上掙扎著，與其他餓著肚皮的人們不同的地方是，別的可以苦眉愁眼地空著肚子，而她們卻必須笑著。這些女人臉色蠟黃慘白，沒有一絲白色，讓嫖客們挑選，陪他們打逗、睡覺，皮肉買賣完了，只留下她一個人躺在床腳低泣。這些女人就像鎖在這人間地獄裡的可憐的動物。

終於，這位憨勁兒的年青人都看到了，他的希望一個個都落空。同時他也明白，他的那位當年「天眞可喜」的舊情人如今已經一輩子賣給這個地方了。當他準備告別她，去尋找光明時，她則在日出之前呑食安眠藥離開人世，念著「太陽升起來了，黑夜留在後面；但是太陽不是我們的，我們要睡了。」

曹禺一邊思考，一邊寫。在巴金、靳以的催促下，一邊一幕一幕地寫，一邊一幕一幕地發表在一九三六年的《文學月刊》上。他白天給女師學生上課，晚上埋頭創作四幕劇。他緊張地思考著。他眼前不斷閃現許多鮮血滴滴的人物。一件一件不公平的血腥的事實，利刃似地刺著他的心，逼成他按捺不下的憤怒。深夜，四周人都安睡了，只有他伏在燈下寫。這些失眠的夜晚，他困獸似地在一間籠子大的屋裡踱過來，踱過去，睜著一雙布滿血絲的眼睛，絕望地愣著神，看看低壓在頭上灰黑的屋頂，窗外昏黑的天空，四周漆黑的世界，一切都似乎埋進了墳墓，沒有一絲動靜。他捺不住了，在情緒的爆發當中，他曾經摔碎了許多可紀念的東西，內中有他最心愛的瓷馬瓷觀音，那是在自己兩歲時母親送給他的護神和玩物。他痛苦地嘶嘎著，那時他願意一切都毀滅了吧，他有如一隻負傷的狗僕在地上，嚙著鹹絲絲的澀口的土壤。他覺得宇宙似乎縮成昏黑的一團，壓得他喘不出一口氣，濕漉漉的，粘膩膩的，他緊緊抓著一把泥土的黑手，劃起洋火，他驚愣地看見了血。污黑的拇指被那瓷像的碎片割成一道溝，血，一滴一滴的血快意地緩緩地流出來。他感到痛快。他渴望，渴望著一線陽光。他多麼希望平地轟起一聲巨雷，把這些盤踞在地面上的魑魅擊個糜爛，哪怕因而大陸便沉爲海洋。他詛咒著四周的不平，除了去掉那腐爛的人們，他看不出眼前有多少光明。不盡的令人髮指的回憶撞擊著他，他痛苦，焦灼，渴望。

他就這樣創造了四幕劇《日出》的世界。

「我求的是一點希望，一線光明。」曹禺寫道：「人，畢竟是要活著的，並且應該幸福地活著。腐肉挖去，新的細胞會生出來。我們要有新的血，新的生命。剛剛冬天過去了，金光射著田野裡每一株臨風抖擻的小草，死了的人們爲什麼不再生出來！我要的是太陽，是春日，是充滿歡笑的好生活，雖然目前是一片混亂。」

《日出》發表後，立即引起社會轟動。一九三七年元月，《大公報》在元旦特刊中以三個整版的篇幅，發表了一組劇評，茅盾、葉聖陶、巴金、朱光潛、沈從文、黎烈文、靳以、李廣田、荒煤、李蕤、楊剛以及燕京大學美籍教授謝迪克等著名文化人，都撰文讚揚，或與作者討論劇本。一九三七年二月二日，《日出》由上海戲劇工作社首演於卡爾登大戲院，導演歐陽予倩，陳白露由鳳子飾演。公演時，曹禺已到南京任教，他應邀赴上海觀看，卻發現導演因南方演員不善於演北方窯子生活而將第三幕割去。曹禺感到很遺憾。一九三七年三月，由曹禺、馮彥祥組織的中國戲劇學會在南京公演《日出》，由曹禺、馬彥祥導演，將四幕全部搬上舞台。

這年五月，曹禺的《日出》與蘆焚小說《谷》、何其芳散文《畫夢錄》，獲《大公報》文藝獎，由葉聖陶、巴金、楊振聲、靳以等人組成的文藝獎評委給予《日出》以高度的評價。

但是這些，對曹禺已不重要，他已走上了他的第三部新戲的創作之路。

第六章　到「原野」中探索

一九三六年八月，曹禺應南京國立戲劇學校校長余上沅邀請，赴南京任這所學校的教授。南京的國立戲劇學校於一九三五年十月十八日由余上沅主持創辦。余上沅早年就讀於武昌文華大學，「五四」運動時，他作爲文華學生工會主席，以武漢學聯代表身份出席過在上海召開的全國學生聯合會，一九二〇年入北平大學英文系學習，一九二三年赴美國卡內基大學專攻戲劇，後在哥倫比亞大學當研究生。一九二五年，同聞一多、徐志摩、趙太侔等一起回國，他把主要精力用於提倡「國劇運動」。他與趙大侔等人主辦北平《晨報・劇刊》，創辦北平藝專戲劇系，制訂北京藝術劇院的規劃。但在那時候，提倡「國劇運動」得不到支持，藝專戲劇系不到一年便難以撐持。他又歷盡辛苦，在南京創辦了一所戲劇專門學校。爲了把這所學校辦成全國第一流水平，他各方聘請著名學者專家來校任職。在余上沅一封封書信與電報催促下，曹禺終於決定南下。熱心於話劇的劇校學生欣喜萬分。那時全國各地掀起《雷雨》熱，到處在演《雷雨》，到處轟動，而這位作者尙是二十餘歲，怎不讓學生們感到神秘與嚮往！

劇校座落在南京薛家巷八號。這裡離鼓樓不遠，明代的古建築威武雄壯地高踞於一座高丘之上。從鼓樓往東不遠，即是千年古剎鷄鳴寺。當年梁武帝多次捨身的名剎，至今仍由高僧主持，鷄鳴寺香火旺盛，佛光莊嚴，給這一帶增添神秘色彩。離劇校不遠，即是中央大學，它的前身是創辦於清光緒年間的三江師範學堂，至民國改名爲東南大學，一九二八年改名爲中央大學，薈聚衆多專家學者。劇校學生與中大學生也時有交往。曹禺在劇校開設《劇作》、《西洋戲劇》和《現代戲劇與戲劇批評》。他講課很受學生歡迎，他總是引導學生細細地分析、品味劇作，他邊朗誦、邊表演，邊分析劇中人的心理、動作，分析戲劇的結構、情節、衝突，把學生帶到具體的戲劇情境中去。爲了指導學生更好地學戲，他將法國臘比希的二幕劇《迷眼的砂子》改編爲獨幕劇《鍍金》，全部換成中國故事與人名，指導學生排戲。他告訴學生：「《鍍金》容易出舞台效果，可以使初學表演的人嘗嘗面對觀衆是什麼滋味，訓練學生有舞台感。」劇校最初培養的幾屆學生中，後來成爲中國戲劇、電影的著名演員就有項堃、淩子風、石聯星、葉子等。

那時，馬彥祥、戴涯也在劇校任導師。爲了「適應新興演劇藝術職業化的要求」，曹禺與馬彥祥、戴涯等一起組織了「中國戲劇學會」，他們要通過演劇來研究話劇藝術。他們第一次就在南京公演《雷雨》，這次演出轟動了金陵古城，因爲曹禺親飾周樸園。當時的導演馬彥祥，後來回憶說：「我看過不下十幾個周樸園，但曹禺演得最好。這可能因爲他懂得自己的人物，他是個好演員，他懂得生活，不是那種空中樓閣式的。我覺得演周樸園沒有比他演得更好的了。」在劇校期間，曹禺還自任導演，組織劇校學生公演《日出》。這次演出恢復了第三幕反映下等妓院生活的戲。

在南京，他與鄭秀這對分隔了三年的戀人終於重逢了。一九三六年夏天，鄭秀從清華大學畢業。清華法律系希望她留校任教，她也樂意。但是曹禺希望能與鄭秀生活在一起，三年京津兩地的相思之苦，他是嚐透了，況且這三年中他不斷奔波於京津鐵路上，也浪費了許多時日。他希望鄭秀在他身邊，花前月下共度春秋佳日。曹禺到南京任教，也是同鄭秀商量好的。鄭秀父親也希望女兒來南京工作，以便父母能敘天倫之樂。由鄭父推荐，鄭秀在南京政府審計部工作，專門審計大學經費。她住在父親家中，中午就到曹禺住所用餐，那裡距審計部很近。

南京古稱金陵，是文化古都，名勝古跡、園林勝景遍布城內外。這對戀人探勝泛舟，雅趣逸興催發著愛情的花朵。春秋佳日，泛舟玄武湖，那巍然高聳的玄武門令人感受到朱元璋建立的明皇朝的宏大基業。鷄鳴寺佛光依然，而水西門外的莫愁湖更令人遐想，勝棋樓存留著當年朱元璋與徐達君臣關係的軼話。明故宮，石礎處處，告訴探訪者當年皇宮的宏偉氣勢。中華門城堡巍然不動，飽經歷史滄桑而風貌依然。城南是有名的夫子廟、秦淮河，讓曹禺想起孔尚任的《桃花扇》，李香君血濺桃花扇的媚香樓而今仍在否？他讀過朱自清、俞平伯的名篇〈槳聲燈影裡的秦淮河〉，這條流滿胭脂粉的秦淮河勾引起歷代多少文化騷客的遐想與雅興。城西，出中山門，沿山路而東則是明孝陵，那裡長臥著明代開國皇帝，鍾山神光依然迴蕩空間。梅花山緊伴明孝陵，冬末春初，春寒料峭，漫山遍野的梅花，暗春盈袖，吸引無數遊人。最有氣勢的是中山陵，當年的中華民國臨時大總統孫中山長臥山頂。中山陵依山構築，層層階梯，直上雲霄烘托起中山寢宮，它像徵孫中山的豐功偉績。曹禺想起，孫中山先生歷盡艱辛、嘔心瀝血喚起中華民衆推翻腐朽的滿清皇朝，建立中華民國。孫中山繼承林肯精神，在中國樹立起民主、民生、民權的旗幟。當年曹禺讀《林肯傳》，崇拜林肯，林肯一生爲「民有、民治、民享」而奮鬥，這種精神激發起曹禺對民主、自由的渴望。孫中山要在中國發揚的正是這種精神，孫中山是中國的林肯。曹禺瞻謁中山陵，仰望中山遺像，體會到民主、自由精神的可貴。

他與鄭秀在南京的生活是充實而溫馨的，誠然也時有小爭吵發生，但雙方都認爲兩人的感情在增長，他們的關係需要確定。鄭秀父親鄭烈開頭對這門親事不贊同。他派人到清華大學了解，又派秘書到南京歷史檔案館查實，曹禺父親萬德尊確是清朝派往日本的留學生，其同學中有閻錫山、黃國梁等。鄭老先生這才放心。而遠在天津的曹禺母親也在爲兒子的親事操心，她掐指一算，家寶已是二十七歲。經過雙方商議，曹禺與鄭秀於一九三六年十月二十七日在南京的平倉巷德奧瑞同學會舉行訂婚儀式。德奧瑞同學會是個國際俱樂部，地點即從劇校往西穿過中央路不遠，即今日南京大學校園西牆邊一條小巷中。筆者曾在南京大學就讀、工作多年，經常出入此巷，但德奧瑞同學會俱樂部今日已蕩然無存。可當年則是可容兩、三百人的禮堂，很是氣派。曹禺母親特地從天津趕來。巴金和靳以是專程坐飛機從上海來的，那時上海到南京的飛機航線才開闢起來，他們的禮物是一隻十分漂亮會開口叫人的洋娃娃，是從美國進口的。訂婚儀式即將結束時，田漢突然來了，送上一幅中堂，那是他自己書寫「蜚聲誘和」四字。晚上有個家宴。那時曹禺已經成名，《雷雨》震動全國劇壇，萬家雖然破落貧困，好在曹禺風頭正健，頗有一番作爲的樣子，鄭父也就滿意了。

當然，曹禺與鄭秀兩人性格的歧異已經顯示出來。新婚後，戀愛追求的幻想與熱烈在消退、冷卻，新的危機開始潛滋暗長。兩人都是內向的，都不願把這些潛在的問題告訴別人，與他人商量，只是各自鎖在內心深處。

曹禺醞釀起新的藝術生命。他要寫一部新戲，寫一個臉黑的人不一定心「黑」。他曾經見過一個人，臉黑像煤球，但心地非常之好，他一生辛苦，可死得淒慘。他讀過法國文學家雨果的著名小說《巴黎聖母院》，那個鐘樓怪人貌醜心地善良優美，給他留下深刻印象。當然，他最終寫了一個以農民復仇爲題材的心理劇，他仍在剖析人類的心靈。這個三幕劇，他命名爲《原野》。

曹禺的住所在四牌樓，斜對面就是「第一模範監獄」。白天，高高院牆上圍著一層層鐵絲網，荷槍實彈的兵士來回巡視著。夜深人靜，從院牆內經常傳來犯人苦痛的慘叫聲，烤打聲。半夜，一聲嘶厲的慘叫令周圍夜空顫慄，聽得人毛骨悚然。曹禺在屋內坐立不安，苦苦思索，夜空傳來的慘叫令他不安，每每把他的思緒拉得很遠。

他想起，小時候父親任宣化鎮守使，他在宣化衙門裡看到審問犯人，犯人遭衙役的毒打，被打得皮開肉綻，慘叫不斷。他想起河北災荒，許多難民流露街頭，慘不忍睹。他耳邊忽然飄過宣化鎮守使衛士在宿舍裡唱的小調：「初一十五廟門開，牛頭馬面兩邊排……殿前的判官啊掌著生死的簿，青臉的小鬼喲，手拿著勾魂的牌。……」他又想起在宣化東岳廟看到的十殿閻王、牛頭馬面的猙獰相。他難忘的是小時候的保姆段媽的不幸身世。段媽來自農村，父親是活活餓死的，丈夫因交不出租子，被地主活活打死。她的公公看到兒子死去，被地主逼得走投無路就自縊身亡，婆婆被迫懸樑自盡。段媽爲了唯一的兒子而活下去，但兒子頂撞了一下地主，被毒打一頓，傷勢嚴重又無錢治療，傷口爬滿了蛆，硬是被活活地痛死了。段媽就到萬家來幫佣，那時家寶晚上睡不著，段媽有時就講起自己苦難的身世。家寶幼小的心中就一直記得這些事。聽著監獄傳來的烤打聲，慘叫聲，他思緒翻動，他夜不能寐。他本來想寫一個臉黑而心不「黑」的，這個想法越來越複雜，深化了。他想監獄裡被烤打的人是誰？慘叫的又是哪個？他或她是爲什麼被抓進去的？他是否是不幸者？他的身世如何？家中人的身世如何？如果他一旦從高牆內偷逃出來，會發生什麼事？他首先會逃到那兒去？他的老家？先找誰？他的青梅竹馬的戀人？如果戀人已被迫嫁人，而且所嫁又是他的仇家，那會怎樣？而如果仇人已死，而他要復仇的對象就是仇家的後代，這個後輩本身與他無冤無仇，這仇該如何報呢……

曹禺深深地、深深地思考著。他不是寫一個單純的農民復仇故事，而是要在這個農民復仇的故事中進一步挖掘、剖析人類的心靈。

那一陣劇校在余上沅領導下，決定每屆畢業生排一個莎士比亞戲劇。曹禺也在課堂上講莎士比亞悲劇。莎士比亞四大悲劇中《麥克白斯》，就是寫麥克白斯殺人過程與殺人之後的心理變化。曹禺談過奧尼爾《瓊斯皇》。這齣名劇寫瓊斯以欺騙手段做土著黑人的皇帝，但當土人認識了他之後，他就逃跑。土人就敲起鼓追趕他。瓊斯在森林裡逃了一夜，始終未能轉出森林圈。他在逃跑過程中被鼓聲脅迫，失去正常理智的控制，他的潛意識中看到了自己的過去與自己的種族祖先的過去。天亮，瓊斯又回到最初逃跑的出發點，他被土人擊斃。這齣美國戲顯然對曹禺創作《原野》很有啓發。

《原野》的主人翁叫仇虎。仇、焦、花三家原先都很要好。焦閻王做了軍閥的營長後，就霸佔了仇家土地，害死仇虎父母，將仇妹賣進妓院，將仇虎打入死獄。戲劇開幕時已是八年後。仇虎從死牢裡逃出，他成了一個可憐的怪人。跑到家鄉，他要找焦家報仇。但是閻王已死，只剩焦母，那是仇虎的乾媽。仇虎最心愛的姑娘——花金子，這時已被騙嫁給焦閻王兒子焦大星，大星是一個十分懦弱而善良的人，他當然不知道父母對仇家幹的傷天害理的事，他只認仇虎是兄弟。仇虎到焦家，當天晚上就把花金子這位當地最美的女人睡了。仇虎的充滿著強悍與奇異的愛的方式充滿魅力迷住了她：

花金子　（意在言外）你抓得我好緊哪！

仇　虎　（手沒有放鬆）你痛麼？

花金子　（閃出魅惑，低聲）痛！

仇　虎　（微笑）痛——？你看，我更——（用力握住她的手）

花金子　（痛得眞大叫起來）你幹什麼，死鬼！

仇　虎　（從牙縫裡迸出）死鬼，你放開我。

仇　虎　（反而更緊了些，咬著牙，一字一字地）我就這麻抓緊你，你一輩子跑不了。你魂在哪兒，我也跟你哪兒。

花金子　（臉都發了青）你放開我，我要死了。醜八怪。

焦母雙眼已瞎，陰險毒狠又滿口虛情假意，她知道仇虎此來不善，凶多吉少，就一心騙仇虎出門，保護自己的兒子焦大星。焦大星是她最疼愛的人，因此她最忌恨花金子，認爲花金子是狐狸精，迷住了她的大星，所以自從花金子嫁到焦家，這婆媳兩人就一直爲爭奪焦大星互相忌恨著。而焦大星既不忍丟掉老母，當然更愛戀嬌妻。仇虎的到來，使他終於發現，仇虎已經奪走了花金子。他羞辱與惱恨，處罰仇虎又無可奈何。他懷著深深的不解與痛苦，喝醉了昏睡過去，終於被仇虎殺死。焦大星的小兒子小黑子也被仇虎用掉包計，讓焦母親手用鐵棍砸死。仇虎認爲「父債子還」，他已報了仇，讓焦母瞎著眼孤零零的活著。但是當仇虎的復仇行爲一了結，他的心靈深處立即發生了一個根本性的變化。因爲焦大星、小黑子對於仇虎並不負有任何罪責，仇虎的報復的對象實質上是無辜的。焦母雙手舉著小黑子的屍體喊魂，就成了對仇虎的譴責。第三幕，仇虎與花金子雙雙逃到樹林裡去，在焦母的喊魂與廟宇鼓聲的催迫下，仇虎的理智世界解體了，他的心靈受到譴責，他的潛意識中流呈出他過去的經歷。他在一片精神恐懼恍惚中未能逃過偵緝隊的追捕，在清晨悲壯自殺。

《原野》的角色少，但四個人物之間各種戲劇衝突錯綜複雜，一個悲劇後面隱藏著另一個悲劇。它的緊張熱烈激蕩的藝術風格與戲劇手法同《雷雨》更爲接近些。曹禺把筆深入劇中人的心靈搏擊。這種種衝突又全在陰風慘慘的黑夜裡發生，全劇始終洶湧著一股由仇恨、愛慾、妒恨、凶暴、痛苦交織起來的感情的激流。《原野》的這種藝術風格是曹禺式的。這個戲又同曹禺過去的戲有所不同。曹禺進一步深入劇中人內心世界，借鑑奧尼爾《瓊斯皇》，將劇中人內心世界的流動、潛意識的變化，運用具象化的手法直接搬上舞台，獲得了成功。《原野》是寫實主義與表現主義結合的成功之作，在曹禺個人的創作道路與中國現代戲劇史上，都有重要意義。

但是《原野》生不逢時，當它發表時已是臨近抗戰的一九三七年上半年。上海業餘實驗劇團於八月七日在卡爾登大戲院首演，導演應雲衛，趙曙、魏鶴齡飾仇虎，舒綉文、英茵飾花金子，范萊、呂復飾焦大星。曹禺曾應邀赴上海作過排演指導。公演時，抗戰炮火已響，至八月十五日只能停演。抗戰時期曾有聞一多、鳳子等在昆明演出，曹禺也到昆明導演。後來，《原野》一直受到不公正待遇，被認爲是「失敗之作」。直至八十年代初由凌子導演，楊在葆、劉曉慶主演的同名電影在香港上演，《原野》才重見天日。

第七章　新的情緣與《北京人》

正當《原野》的排練進入緊鑼密鼓階段，一封急電送到曹禺手中，他的年僅三十歲的哥哥家修在天津病故。曹禺從南京匆匆趕到天津，那天是一九三七年七月六日。

「七·七」蘆溝橋事變，抗日烽火很快燃遍全中國。炮火也改變了曹禺的戲劇創作路向。他目睹日寇把天津炸得到處斷壁殘垣，到處是死屍，慘狀令人目不忍睹。他心中憋著滿腔怒火，對親友說：「血債要用血來還！」他從報上知道日寇在上海、南京狂轟濫炸，《原野》在上海停演。他又得悉國立劇專已西遷至長沙。於是他化裝成商人模樣，乘船繞道香港再去武漢。他與鄭秀相約在武漢會面，那裡是曹禺的外婆家。九月底，曹禺到達長沙，立即投入了到劇校師生的抗戰街頭劇演出。

在激昂的熱情與抗戰的炮火聲中，曹禺與鄭秀在長沙舉行婚禮。雖然鄭秀的父親仍然不贊同他們的婚姻，雖然曹禺與鄭秀互相都發現兩人的性格、志趣、追求的差異，但他們終於在困難中結合了。婚禮在長沙青年會舉行，余上沅作證婚人，吳祖光等幾位劇校同事也出席了。兩間臨時租用的民房內放兩張藤椅、兩張帆布床、一張書桌，就是他們的新房。

炮火更緊，劇團又遷至重慶。曹禺與劇校師生乘坐五隻當地人稱爲「瀏陽船」的大木船，經洞庭湖，過宜昌，改乘輪船到達重慶。這時已是一九三八年二月。在重慶，曹禺任劇校教務主任。一九三八年「雙十節」，中華全國戲劇界抗敵協會在重慶舉行第一屆戲劇節，他與宋之的合作改編抗戰劇《全民總動員》（又名《黑字二十八》）。這個戲在重慶國泰大戲院隆重公演，組織了陣容龐大的導演、演員團，轟動山城。導演團由張道藩、余上沅、曹禺、宋之的、沈西苓、應雲衛組成，執行導演應雲衛。當時重慶影劇界著名演員白楊、趙丹、舒綉文、施超、江村、英茵、張瑞芳、顧而已、魏鶴齡、高占非、章曼蘋等聯袂演出，張道藩、余上沅、宋之的也粉墨登場。曹禺出演劇中資本家侯風之一角。應雲衛在後台，對曹禺的表演讚嘆不已：「畢竟是萬家寶，老經驗，連一點子戲都被擠足了出來，抓得住觀衆。」

一九三九年四月，因爲日機大肆轟炸重慶，劇校奉令疏散到江安。從此，曹禺開始了在江安的生活。那又是一段在他一生中難以忘懷的歲月。

江安，面臨浩蕩奔騰的長江，西邊是長江邊的名城宜賓，東邊是產名酒的瀘州。這座四川內地的小縣城，距重慶三百多里，位於川江南岸，人口僅一萬。城很小，只有東西、南北十字交叉兩條街，站在城中的十字路口就可看見城牆。黃昏很早就關了城門，只有巡夜人的木梆更鑼聲在這小城的夜空悠蕩。抗戰的炮聲把這座小城震動了，來了一批劇校的活躍的師生。劇校就設在緊靠城牆的文廟內，在大城殿前庭院搭設了簡陋的劇揚。曹禺的家安置在東街酒廬，對面就住著吳祖光、張駿祥，他們經常來往、聚會。劇校的生活是清苦的，但劇校師生的熱情是高漲的。他們學習、排戲、演戲，開展抗日、民主宣傳活動。那時，劇校薈集了一批戲劇界名流，洪深、馬彥祥、焦菊隱、張駿祥、黃佐臨、金韻之（丹尼）、章泯、吳仞之、應雲衛、陳白塵、陳鯉庭、戈寶權、陳瘦竹等都曾先後在劇校任教。當然，江安離重慶太偏遠了，太閉塞了，也使青年學子感到氣候沉悶，原先高漲的熱情時間長了就低沉下去。曹禺關心著年青人，他執著戲劇事業，爲了學生演劇改編了獨幕劇《正在想》，導演吳祖光的《鳳凰城》。他在學校教的是編劇技巧、名劇選讀、西洋戲劇史課。他曾用整整一個學期在課堂上分析美國劇作家奧尼爾的名劇《悲悼》三部曲，並曾動手把它譯成中文，打算把這齣戲搬上舞台。

一齣反映抗戰現實生活的新戲又在他筆下誕生，那就是四幕劇《蛻變》。他在長沙就目睹了一些在抗戰大旗下的腐敗現象，調查到幾個傷兵醫院腐敗的內幕，在重慶、江安他也見到，在劇校裡他見過樓上打牌樓下辦公的事，還有做國難生意的人他也見過。他看到一些爲抗戰而獻身的民族精英份子，他所熟悉的黃佐臨、丹尼就是其中之一。他們都出身很闊氣的家庭，在上海有很講究的花園洋房，條件十分優裕，但是在抗戰爆發後毅然到大後方，寧可住在潮濕的地下室。丹尼的那種愛國熱忱，給了曹禺很深的印象。他寫了一個抗戰中的後方省立醫院，腐敗成了這所醫院的蛆蟲，後來終於經梁專員整治，蛻舊變新。醫院中丁大夫是一位克盡職守的愛國人士，克制個人感情爲神聖的民族戰爭獻出了心愛的兒子。張駿祥和曹禺配合著，他在江南潮濕的屋子，抱著疼痛的胃一夜一夜地趕寫著，張駿祥就一幕一幕地排，等到曹禺把戲全部寫完，張駿祥的排練也差不多成形了。他們帶著劇校一批年輕的師生，蘗松年、沈蔚德等，乘著木船沿波濤滾滾的川江順流而下，抵達重慶。《蛻變》的演出雖然曾遭受到一些阻撓、挫折，但一經公演，立即受到社會各界熱烈歡迎。後來由黃佐臨領導的苦幹劇團在上海演出時，劇中人丁大夫講到：「中國，中國，你是應該強的。」劇場裡有人喊出了愛國口號，整個劇場沸騰起來。

在江安，曹禺的戲劇創作躍上了一個新的高峰。那就是繼《雷雨》、《日出》之後，曹禺又創作了傳世之作《北京人》。

那是一九四〇年秋天，金風蕭瑟，秋雨梧桐，夜已很深。江安靠近古舊城牆的一幢房子裡，樓上點著一盞煤油燈，熒熒一豆，恍恍惚惚，引人遐想。曹禺凝神默想，緊張而興奮著。他把多年來從社會與生活中感受到的憂憤傾注在紙上。他寫了一個破落的封建家庭沉悶凝滯的生活，青年人的痛苦與希望。他寫了愛情，寫了婚姻，那種沒有婚姻的愛情與沒有愛情的婚姻，那種纏綿微妙的感情細流與不能實現的愛情痛苦，都被他寫得淒婉動人。

他凝神一燈如豆，今情往事一幕幕浮上心底筆端。他與鄭秀的婚姻可說是自由戀愛、自由結合。當初清華演劇時的熾熱感情使他至今思來仍然可以回味絲絲甜蜜。那時的感情確實是很深的。但是他與鄭秀的性格、志趣、生活態度有不少差異。這種差別在訂婚時雙方都已感覺到，但是戀愛了那麼多年雙方都認爲不結合是不行的。儘管鄭秀父親再反對，但抗戰爆發，促成了這對青年正式結婚。江安的生活是清淡寂寞的，兩人性格、志趣方面的矛盾便在日常生活中時時爆發成口角。鄭秀出身名門，好交際，喜應酬，愛面子，在生活、衣飾方面是講究的。但是曹禺就像很多藝術家一樣，一心沉在戲劇創作中，對個人的衣著修飾很不講究，也不好應酬交際。兩人對生活、對人生的態度也不一樣，鄭秀希望這個家庭有較高的社會地位，而曹禺則一頭栽在戲劇中，戲劇就是他的人生。鄭秀經常要求曹禺更換新衣服，修飾得體面神氣，而曹禺戴一副眼鏡，衣著很隨便。有一次鄭秀燒了一鍋水要曹禺去洗澡，曹禺進澡房後老不出來，鄭秀在外面等了好久，推門一看，只見曹禺一隻手拿著一本書在看，另一隻手拎著一條毛巾在水中晃動。原來他看書看出神，全忘了洗澡。於是兩人吵鬧一次。在日常生活中，這樣的無謂的吵鬧不斷發生，兩人的感情開始疏遠了。曹禺是個內向的人，他也不向鄭秀多說什麼，卻十分苦悶，而鄭秀也不去關心曹禺究竟在想什麼，只管爭爭吵吵，鬧個不停。

就在這當兒，一位女性走進了曹禺的感情生活。

她叫鄧譯生，又叫方瑞。這年夏天她到江安來看望在劇校讀書的妹妹鄧宛生。方瑞是安徽桐城人，出身世家，是清代著名書法家鄧石如的後代。她的父親是醫生。她容貌清秀，性格溫婉嫻靜，儘管沒上過大學，但能書善畫，古文的修養很高，她父親的朋友、著名作家楊振聲、趙太侔教授等都向她父親建議不要送她上大學，就在家裡讀書，似乎要把她培養成中國最後一名精諳國學的閨秀。她一來江安，就住在表弟方琯德家中，正好在曹禺家的對門。她隨妹妹、表弟等一起常到曹禺家，聽曹禺講戲劇，講文學，或則他們向萬先生請教一些問題。一來一往，她給曹禺留下了深深的印象。一來二往，不知不覺地，她與曹禺相愛了。

在《北京人》中，曹禺筆端凝聚深情，用自己的心靈著力塑造了一位心靈善良憂美的女性愫方：

> 見過她的人第一個印象便是她的「哀靜」。蒼白的臉上宛若一片明靜的秋水，裡面瑩然可見清深藻麗的河床。她的心靈是深沉埋著豐富的寶藏的。在心地坦白人的眼前，那豐富的寶藏也坦白無餘的流露出來，從不加一點修飾。她時常憂鬱地望著天，

詩畫驅不走眼底的沉滯。像整日籠罩在一片迷離的秋霧裡，誰也猜不透她心底壓抑著多少苦痛的願望與哀思，她是異常的緘默。

……一種驚人的耐性，……她溫厚而慷慨，時常忘卻自己的幸福和健康，撫愛著和她同樣不幸的人們。然而她並不懦弱，她的固執在她無盡的耐性中時常倔強地表露出來。

她的服飾十分淡雅。她穿一身深藍嗶嘰織著淡灰斑點的舊旗袍，寬大適體。她人瘦小，圓臉，大眼睛，驀看怯怯的，十分動人矜惜。她已過三十，依然保持著昔日閨秀的幽麗，談話聲音溫婉動聽，但多半在無言的微笑中靜聆旁人的話語。

曹禺是想著方瑞而寫愫方的，連「愫方」這名字，也取自方瑞母親姓名方愫悌。他將自己對方瑞的思戀、深情寫進了戲中，融注在劇中愫方的形象上。他借唐人詩句「海內存知己，天涯若比鄰」爲劇本題辭，意在將此劇獻給心中「知己」——方瑞。

劇中，這個詩禮傳家的家庭已經破落，老太爺曾皓最關心的是那已漆了幾十道漆的棺材。大少爺曾文清清新通達、愛好詩文，但像很多世家子弟一樣一輩子不做事，只會吟詩作畫養鴿，在這些方面他很講究、很精於此道。他的太太思懿精明幹練，又好算計別人，勾心鬥角又滿嘴謙和孝順。思懿一個勁兒管教著自己的兒子、媳婦，要求他們按照她的要求生活，但這對強扭在一起的小夫婦儘管他們各人都是好人，卻沒有愛情，他們正悄悄地協議離婚。寄居在曾家的愫方，出生在江南世家，現在已是年邁的姨父曾皓的一根拐杖，曾皓到哪兒都離不開她，曾皓希望她不要嫁人，一直侍候到他去世，儘管愫方年已三十。文靜溫婉的愫方與曾文清倒常有詩畫交往，她同情曾文清，在這勾心鬥角、虛僞欺詐的家庭中給予曾文清感情的慰藉。這自然引起了思懿的忌恨。於是愫方在家中的日子更不好過了。破碎的家庭裡充滿著各種矛盾，最終走向徹底離散。

曹禺內心痛苦著，他把心頭的鬱結凝聚到劇中去。他與方瑞慢慢地廝混得熟了，感情深了。於是一次次約會，或者有時兩人一起去看電影。江安城小，很快大家都知道，風聲傳到正在打麻將的鄭秀那裡，家裡自然吵起來。有一次，鄭秀從曹禺的衣服裡發現了方瑞寫給曹禺的信，兩人就爭奪起來，曹禺拿過信紙就往嘴裡要呑下去。還有一次，……曹禺不能再多想下去，他理解到方瑞所承受的痛苦比他更大更多。於是，在《北京人》中就出現了這樣的場面：曾文清忍受不了家庭的壓抑與思懿的管教，要到外地去，臨走，愫方寫了詩送他，這詩恰被思懿發現了。她叫來愫方，要曾文清當著她的面，把這封信退還給愫方。她當著愫方與曾文清的面說：「這是愫妹妹給文清的信吧？文清說當不起，請你收回。」當然，劇中的思懿不是生活中的鄭秀。思懿嘴巴刻薄，那是曹禺依據某個學校的校長夫人寫的，還揉合了其他人。曾文清的軟弱蒼白形象，有曹禺大哥家修的影子，也融進了曹禺本人當時在感情生活方面的許多痛苦與疚責。曹禺是個內向的、軟弱的人，在處理家庭生活中缺少決斷，他知道這樣做是對不起方瑞的。至於曾皓，當然有他父親萬德尊的影子。他當初去北京報考清華大學，借住在孫毓棠外祖父家裡，徐宅是清朝遺老，雖然破落，但整個家庭還維持舊日排場，那家俬、那擺設都是十分精緻講究的。徐家的子孫大多遊手好閒，不做正事，抽鴉片、賭錢，輸了，就在晚上將家中古董偷出去賣。曹禺寫曾家，就參照了徐家寫，當然徐老太爺那些不肖子孫還沒曾文清的清雅，他們更懶散不成器。

曹禺傾注深情塑造了愫方這位文靜溫婉的女性，寫出了她在那樣壓抑的爭鬥的家庭中內心的善良、優美，她的忍耐性與毅力，「把好的送給人家，壞的留給自己。什麼可憐的人我們都要幫助，我們不是單爲吃才活著的啊！」在一片淒涼痛苦中，她依靠幫助別人，讓別人更幸福而在內心感到甜蜜幸福：「活著不就是這個樣子麼？我們活著就是這麼一大段又淒涼又甜蜜的日子啊！叫你想想忍不住要哭，想想又忍不住要笑啊！」

一九四一年十月二十四日，這部受到俄國契訶夫戲劇影響、描寫沒落舊家庭日常生活瑣事的名劇《北京人》，在重慶首演，又是曹禺的好友張駿祥導演了這齣戲，重慶話劇舞台四大名旦之一的張瑞芳飾演愫方。報紙紛紛發表劇評。著名詩人柳亞子作詩讚道：「舊社會，已崩潰；新世界，要起來！只有你，偉大的北京人呀，繼承著祖宗的光榮，還展開著時代的未來。……多情的小姐，洗淨她過去的悲哀！被壓迫的小媳婦兒，衝破了禮教的範圍！跟著你，偉大的北京人呀！指點著光明的前路，好走向時代的未來！」

《北京人》是公演了，可家裡的風浪鬧得全城盡知，曹禺覺得在江安他無法再呆下去。由於《日出》在另一地區上演，對方發來賀電，又引來不明身份的人常來盤問。一九四二年初，他辭去國立劇專教職，到重慶去。這一年夏天，他透過張駿祥介紹，來到長江邊一個小碼頭唐家沱，在一艘火輪裡住下，將巴金小說《家》改編爲四幕劇。

還是兩年前，巴金到江安看望曹禺。巴金是最初發現《雷雨》，給予發表的責任編輯。兩人的友誼一直很深。巴金在曹禺家中住了六天，每天晚上，在迺廬的那間樓房裡，兩人隔著一張寫字台對面坐著，望著一盞油燈的搖晃的微光，談到夜深，從《雷雨》談到《蛻變》。他們覺得那小屋很暖很暖，也很光亮。巴金取出一個劇本，那是吳天根據巴金小說改編的話劇《家》，基本上是根據原著的情節、格局，大體未動，太「忠實」於原著了。曹禺很愛讀巴金的《家》，作爲朋友，他覺得他有責任把這部小說改編好。

曹禺在這艘火輪裡一住三個月。重慶的盛夏，酷熱如蒸，他赤著膊，俯撲在一張餐桌上，寫著劇本。那裡離重慶十多公里。偶爾有張駿祥、吳祖光、張瑞芳來看望他，倒也很清靜。

清晨，江風徐來，沁人心脾，山中傳來陣陣杜鵑啼叫聲，顯得靜謐安適。入夜，皓月當空，白銀般的月光灑滿長江，這是詩的境界。曹禺每寫完一段，就把原稿寄給方瑞。不久，他就會接到一迭複寫過的《家》的稿子，還有一封熱情的鼓勵的信。在這樣的感情的慰藉與溫馨的交流中，曹禺完成了話劇《家》。但那又不同於巴金的小說。巴金小說強調的是覺慧的反抗，而在曹禺戲劇中更側重於寫覺新與梅、覺新與瑞珏之間的愛情與婚姻的痛苦，那是曹禺自己生活中感受最深的東西。曹禺懷著不安，將劇本交給巴金，巴金看了曹禺的改編本，欣然同意了。

話劇《家》中的覺新、瑞珏、梅都是善良、富有感情的人，但是他們之間卻產生了不應該由他們來負責的、複雜痛苦的矛盾，造成了三人的悲劇。這個戲第一幕從覺新婚禮開始，覺新本來與梅表妹相愛，但封建家長作主，卻讓梅另外嫁人，覺新與一個不相識的姑娘瑞珏結婚。洞房之夜，一對新人十分陌生。當然婚後，兩個好人倒是相愛起來了。但是，覺新難忘不幸的梅。終於，梅黯然離開人世，而瑞珏也因產褥熱去世。

曹禺寫這個戲，瑞珏性格又是依據方瑞的性格去寫的，他希望張瑞芳演瑞珏。果然，這個戲在重慶首演時，連續三個月，盛況空前，張瑞芳演的瑞珏受到一致稱讚。第一幕覺新、瑞珏的新婚之夜，洞房被安置在高公館後花園湖畔的一片梅林邊，暗香浮動，梅魂清溢，湖邊梅林中還傳來聲聲杜鵑。覺新、瑞珏的即詞是用詩體寫的，張瑞芳與金山以自然的口吻隨口說出詩的語言，滿台詩意盎然。

曹禺還將莎士比亞的悲劇《羅蜜歐與朱麗葉》譯成中文。莎翁的這個名劇已有好幾個中譯本，曹禺按照詩體來翻譯。他是個戲劇家，他的譯本詩意充盈而且朗朗上口，適合舞台演出。請聽，羅蜜歐在夜晚潛入朱麗葉家花園，發現朱麗葉出現在陽台上的那一刻，那愛情的絮語與獨白，是多麼眞摯與富有青春的氣息：

羅蜜歐　（朱麗葉出現在樓上的窗口。）

但是靜靜的，是什麼光從那邊的窗口透出來？
那是東方，朱麗葉就是太陽。
起來吧，美麗的陽光，射倒在那嫉妒的月亮；
慘白的月亮都焦慮得病了，
她氣死原是她的侍女，爲什麼比她還美？
別再陪伴她吧，因爲她嫉妒你。
她那修道的衣服都發了慘綠，
那是小丑們穿的，你就丟了吧。

（月光照見朱麗葉的臉。）

這是我的她，哦，是我的受！——

哦，要她知道了多好！——

（朱麗葉彷彿顫了一顫。）

她開口了，可她沒有說什麼。

這有什麼？

她在眼裡說話，我就去回答。

我太莽撞了，她不是對我說的。

天空中兩顆最輝煌的星星要出門。

就請她的眼來代替他們閃耀，候著他們歸來。

眞的，如果她的一雙眼睛懸在天空，

星星就替代她的眼睛，那會怎樣？

那她臉上的明媚一定蓋過星星的亮，

如同白日的光壓倒了燈光，

在天上她的眼一定照耀滿天的光明，

烏兒亂叫，以爲白晝已經降臨。
看，她悄悄把手托著她的臉！
噯，爲什麼我不是那手上的手套，
就輕輕靠著她的臉！

一九四二年底，「曹禺要演戲了」的消息在山城重慶傳開了。果然，不久曹禺粉墨登場。話劇《安魂曲》在重慶國泰戲院演出。這齣匈牙利劇作家貝拉·巴拉茲的劇作，由焦菊隱翻譯，張駿祥導演，曹禺主演音樂家莫扎特。藝術家的心靈是相通的，還有哪一個劇團能找到像曹禺那樣有著高度文化修養、又精於舞台演技的藝術家呢？《安魂曲》情節圍繞著這位天才音樂家的死亡，這位音樂天才才華橫溢卻一直受到權勢壓制，生活貧困。莫扎特的痛苦，就是曹禺的痛苦，曹禺能夠深深體會到，他能用自己的心去體驗莫扎特的心。大主教硬逼莫扎特回到沙爾茲堡去，莫扎特向大主教再三懇請著。

柯大主教（大聲叫出）　我永遠不能把我這寶貴的工具讓給任何人！你是一架琴，上帝把這架琴交在我的手裡，就應該由我來替上帝盡責。

莫扎特（直率）　可是大人，我不是別人隨便彈弄的一架琴，音樂是從我心靈裡發出來的，是我的心的聲音。

曹禺不僅感受得深，他的道白也很精彩，他把觀衆深深打動了。

抗戰勝利後，美國國務院邀請老舍、曹禺赴美講學。那是費正清向美國國務院提議的。費正清認爲，中美文化應該聯絡交流，不但是書籍交換，人也要交換，中國人到美國去，美國人到中國來。二十世紀了，應該有國際文化交流。老舍、曹禺到美國去，不但作爲中國代表，也幫助了美國人，讓更多的美國人了解中國。一九四六年三月，曹禺與老舍由上海出發，經半個月的海上航行，從美國西雅圖港踏上美國國土。從西向東，她們先後在洛杉磯、舊金山、新墨西哥州、華盛頓、紐約、芝加哥、科羅拉多州等地的大學講學，訪問美國的文化界人士，了解美國戲劇電影。在紐約，他參加了慶賀張伯苓校長七十壽辰的儀式，寫了獻詩，獻給「永遠愛學生的張校長」。一年後，曹禺返回上海，他太思念祖國了，留下老舍先生一人在美國堅持寫完他的《四世同堂》三部曲。

那時，鄭秀在南京工作，帶著兩個女兒。曹禺在上海文華影片公司任編劇。他已與方瑞同居，過一陣回南京看望女兒。他在美國曾寫信提出與鄭秀離婚，但鄭秀是愛面子的，她不同意。回國後，曹禺又提出離婚，仍遭拒絕。於是，開始了南京、上海兩地的尷尬生活。那一陣，他編導了電影《艷陽天》。在上海，他又見到了黃佐臨、孫浩然、李健吾等許多老朋友，結識了不少新朋友。他認識了京劇演員李玉茹。他觀賞了李玉茹的戲，李玉茹把曹禺作爲老師來對待，曹禺送給她一些新文化的書籍。

當然，他們決不會想到，三十年後他倆會結爲白髮夫妻。

生活，就是這樣。

第八章　走向世界的曹禺

曹禺又回到北京了。

一九四九年初，他與方瑞由上海轉道香港赴北京。同船離港赴京的，還有柳亞子、陳叔通、馬寅初、葉聖陶、鄭振鐸、王芸生、張瑞芳等文化人。曹禺離別北京已十五載，清華園的草木、廣和樓的鑼鼓、三座門大街十四號內《文學季刊》編輯部的小院，秋日晴空冷冷的鴿哨聲、胡同裡單輪水車的滾動聲，……多少年來令他魂牽夢繞，如今久別重逢，格外親切。

他懷著滿腔熱情與眞誠參加第一次中華全國文藝工作者代表大會，當選爲全國文聯常務委員、全國劇協常務委員，又被任命爲中央戲劇學院副院長。一九五一年，經過他與焦菊隱等一起反複策劃，北京人民藝術劇院終於誕生了，曹禺任院長，焦菊隱、歐陽山尊任副院長。在南開時期，張彭春就曾提出過建立歐美式小劇場；江安時期，曹禺與張駿祥、黃佐臨經常圍著一盞清油燈暢想辦「黃萬張小劇院」，像莫斯科藝術劇院那樣以演劇來鑽研、推進中國話劇藝術的發展。如今這個戲劇夢終於圓了。此後四十餘年，他與這個劇院的藝術家們努力鑽研、探索，成功地上演了《茶館》、《雷雨》等一大批名劇，形成了著名的北京人藝演劇學派，使這個劇院在當今世界劇壇上卓然而立，贏得了世界性藝術聲譽。

曹禺與鄭秀終於分手了。當年清華園內的花前月內，八年離亂中的患難歲月，如今已不堪回首，兩人間的感情逐漸冷卻。一九五〇年，經過雙方單位調解，鄭秀終於同意離婚。在中央戲劇學院會議室舉行的離婚儀式上，鄭秀放聲痛哭。她爲了能與曹禺在一起，忍心告別老父，沒有同父親一起赴台灣。曹禺也百感交集，痛哭流涕。

曹禺與方瑞正式結婚，這是他倆十載感情發展的必然結合。方瑞隨曹禺一起下工廠體驗生活，到農村參加土改。

一九五四年，曹禺創作了四幕話劇《明朗的天空》。那是一九五二年，周恩來，這位南開校友找曹禺談話，鼓勵他寫知識分子思想改造的劇本。在五十年代，中國的知識分子都被指定爲必須接受思想改造，因爲據說他們過去所接受的文化教育已經不適合社會主義革命與建設的需要。曹禺來到北京協和醫學院，在這所著名的教會醫院工作三個多月，收集材料，做了二十多本筆記。一九五四年，一個以醫院中知識分子思想改造爲題材的話劇《明朗的天》，終於問世，並且在北京人藝公演。

一九六〇年，曹禺與梅阡、于是之合寫了新作《臥薪嚐膽》。這齣戲描寫的是二千多年前的一段歷史：春秋時期，吳王夫差打敗了越王勾踐，將勾踐擄到吳宮囚禁。勾踐被放歸後，臥薪嚐膽，「十年休聚，十年生息」，終於雪恥圖強，打敗了吳王夫差。當時，中國正遭受著三年自然災害，又受到前蘇聯共產黨領導集團的打擊，國民經濟陷入困境。爲了發揚中華民族的正氣，一時全國有許多劇種、劇團搬演「臥薪嚐膽」的歷史故事，同類劇本出現二百多個。曹禺的《膽劍篇》是最晚出的，也是藝術成就最高的。這個戲從勾踐被擄、越王祖廟被吳軍燒毀寫起，劇情環環發展。曹禺著重寫人，塑造了勾踐、夫差、伍子胥、范蠡等形象，這些戲劇人物個個栩栩如生，既有歷史深度又富藝術光彩。

我們知道，曹禺到北京出席第一次全國文代會時（一九四九年），正是四十歲，春秋鼎盛，應是創作的旺盛時期。他曾於二十三歲寫出《雷雨》，三十一歲完成《北京人》。但是，在整個五十年代與六十年代，只有兩部劇作問世。接連不斷的政治運動使曹禺失去了獨立思考的能力，他常常否定自己過去那些達到高度藝術成就的作品，也否定著自己。這使得他不敢想，不敢說，更不敢寫。當然，值得曹禺欣慰的是，他的《雷雨》、《日出》、《北京人》、《家》被全國各地劇團頻頻搬上舞台，這些戲在舞台上仍然煥發出熠熠光彩，有許多觀衆爲之叫好。

從一九六六年夏天開始刮起的「紅色風暴」，把這一點好景也刮得煙消雲散。曹禺不斷聽到各種令他驚心動魄的消息，他的好友老舍被逼投湖自盡，另一位知心朋友巴金在上海被作爲「黑老開」揪鬥。田漢、吳祖光、黃佐臨等他的文友們都一個個被批判、揪鬥。他整天心驚肉跳，知道自己也在劫難逃。很快地，他的名字被貼在牆上打上「××」。一九六六年十二月的一個夜晚，他被一群紅衛兵從床上拖下來，裝進汽車，押到中央音樂學院的禮堂裡。這就是轟動全國的「活捉彭羅陸楊」事件。他被作爲一個小小的「俘虜」，一起陪鬥。他的思想、神經似乎都被嚇得僵硬了，心臟不能跳動，直到凌晨才被放回家去。方瑞也嚇壞了，含著眼淚還安慰他。

曹禺，被作爲「牛鬼蛇神」關進「牛棚」，反省自己的「罪行」，接受思想改造。他整天心驚膽戰，隨時準備挨鬥、抄家。他自己譴責自己「犯了罪」——因爲寫了《雷雨》、《日出》、《北京人》。他跪在自己家中地上，求方瑞：「你幫助我死吧！用電電死我吧！」方瑞說：「你先幫我死好不好？」在那些日子裡，難爲了方瑞。她是有病的，每天靠吃安眠藥度過夜晚，她內心與曹禺一樣痛苦著，但外表裝得很鎮靜，伴著曹禺一起受苦，就像那樣方一樣默默地把深深的愛奉獻給曹禺，奉獻給孩子們。在那些日子裡，方瑞是曹禺的精神支柱！

有一次，一批日本演藝界人士來到北京人民藝術劇院，發現了在傳達室接受勞動改造的曹禺。於是，「中國的莎士比亞在傳達室打掃院子」的消息出現在海外的報紙上。曹禺又被安排到東城史家胡同五十六號北京人藝的家屬宿舍看守傳達室，打掃衛生。在那裡，他清晨出去掃地，曾經接連好幾天發現有一婦人冒著凌厲的冬晨，裹著圍巾在巷口看望他。他終於發現，她就是鄭秀！鄭秀看他來了。原來鄭秀離婚後在她的母校原貝滿女中教英語，家就在附近。但是，那樣的時代，兩人還能談什麼呢！

方瑞終於熬不到「天亮」，就離他而去。她承受了過多的壓力與痛苦，床上撒滿了安眠藥。

曹禺失去了心靈支柱。他病倒了，如魂魄流散，奄奄一息。他像掉進一口黑暗的井，無法掙扎，只有絕望。

一九七六年粉碎「四人幫」，神州大地，春回地暖，中華民族又開始恢復生機。曹禺也突然精神抖擻，煥發出一股新的生氣。他出現在各種文化聚會上，談笑風生，自由舒暢。一九七八年，他發表了新作話劇《王昭君》，一時成爲中國文化界的美談。這部歷史劇一改過去文藝作品中王昭君哭哭啼啼去和番的形象，擦掉昭君臉上的淚水，塑造了一個有志氣、有膽識的漢家女兒。劇中，匈奴單于呼韓邪因妃子玉人去世而思念的一段戲，那長段抒情性獨白中，傾注了曹禺對方瑞的追思。著名文學家茅盾贈詩：

當年海上驚雷雨，霧散雲開明朗天。

閱盡風霜君更健，昭君今繼越王篇。

一九七九年十二月，又是一次全國文代會剛閉幕，曹禺與李玉茹乘一輛轎車，來到當地居民辦事處辦理結婚登記。李玉茹是著名京劇演員，出身貧苦，十多歲登台，不久就唱紅了。曹禺早在四十年代就認識李玉茹，欣賞她的表演藝術，借書給她讀，指導她提高文化水平。十年浩劫後，雙方在經歷了一切痛苦與損失後，都給對方以安慰與關心。好事而敏感的香港記者，在港報上先捅了出去，一則「中國當代最著名的劇作家曹禺即將同著名京劇花旦演員李玉茹結成百年之好」的消息出現在香港報紙上。曹禺將這則港報消息剪下寄給李玉茹，這使李玉茹終於鄭重地考慮這個很現實的問題。

從此，曹禺與李玉茹開始了新的生活。這對白首夫婦的生活是和諧的。他們互相關懷，支持對方的事業。李玉茹對曹禺體貼關心。曹禺大病多次，李玉茹放棄舞台演出機會，專門陪伴在醫院裡，一心一意照顧他。曹禺又一次獲得了人生的溫暖。

這位「中國的莎士比亞」，正在走向世界。

一九八〇年，他作爲中國戲劇家代表團團長，出訪英國、法國。他訪問了英國皇家戲劇學院，觀摩了英國戲劇；在倫敦，他看了易卜生《野鴨》的演出；他來到神往已久的斯特拉福，那是莎士比亞的故鄉，瞻仰莎士比亞故居，觀賞《奧賽羅》，還看了美國劇作家奧尼爾的《安娜·克利斯蒂》。他訪問了巴黎，了解了法國戲劇。

這一年三月，他又應邀赴美國講學，在華盛頓、紐約等十個城市作講演，他向美國人民介紹了今日中國的戲劇。美國，這個讓曹禺留下許多回憶的地方，張開了熱情的雙手，歡迎這位來自東方的戲劇家。曹禺赴美，勾起他許多感觸與興奮，尤其使他難忘的，是他在紐約一家小劇場裡看到《北京人》正在這裡演出。美國當代著名戲劇家阿瑟·密勒盛讚這部戲是「感人肺腑與引人入迷的悲劇」。曹禺激動地說：「這次演出表達了美國人民對中國人民的深厚友誼，是美中文化交流的成果之一」。他還在印第安那大學觀看了由師生演出的《日出》。在哈佛大學，曹禺發現《雷雨》、《日出》已成爲這所學府中學中文的學生的必修課。

一九八二年，他出訪日本，觀看戲劇演出，還會見了《日出》的日譯者、導演內山鶉先生，以及許多日本的曹禺研究者。

曹禺的劇作已經引起了越來越多的人的興趣。在國內，曹禺戲劇研究已經成爲現代文學、現代戲劇研究的熱門話題，出版了好幾部研究著作。在海外，曹禺戲劇被研究生作爲碩士、博士論文，被大洋兩岸許多大學的中文系列爲教材。香港、日本、美國，都有許多學者在研究曹禺戲劇，尤其在日本出現了佐藤一郎、飯塚容等好幾位曹禺戲劇研究專家。

曹禺的《雷雨》、《日出》、《北京人》已經被譯成英文、日文、俄文、德文、法文、韓文等各種外國語言，流傳世界各地。

曹禺的戲劇不斷地在海外被搬上舞台。最早是在日本與前蘇聯、羅馬尼亞等東歐國家。美國繼演出《日出》、《北京人》後，密蘇里大學還排演了話劇《家》。在八十年代，日本公演《日出》，而大阪的關西大學中文系學生還用漢語演出了《雷雨》。上海人民藝術劇院在日本演出了話劇《家》。《雷雨》還在馬來西亞、新加坡演出。一九七五年，香港市政局主辦「曹禺戲劇節」，演出了《北京人》、《蛻變》、《膽劍篇》，另由李援華從曹禺劇作中抽取片斷，組成《曹禺與中國》一劇，推上舞台。北京的《原野》、《王昭君》劇組還先後到香港演出，引得港督尤德親臨劇場觀賞，他以流利的漢語表達了對曹禺戲劇的讚美。

一九九五年，麥秋執導的《原野》在香港演出，由明星呂良偉、陳紅擔綱，獲得好評。一九九六年《日出》由香港影視劇團演出。而《雷雨》在臺灣公演，創下臺北國家劇院成立以來最高賣座率的佳績。

曹禺晚年是幸福而安定的。他又一次獲得了愛情，他和李玉茹相互關愛備至，心氣相通。他有很多榮譽、讚美、鮮花。他被包圍在鮮花與讚譽中。

但是，晚年曹禺的心頭有一塊抹不去的苦惱，始終縈繞着他。

還是一九七九年，他收到老友巴金來信：

希望你丟開那些雜事，多寫幾個戲，甚至一兩本小說（因爲你說過你想寫一本小說）。……我要勸你多寫，多寫你自己多年想寫的東西。你比我有才華，你是一個好的藝術家，而我不是。你得少開會，少寫表態文章，多留一點東西，把你心中的寶貝全交出來……。

那眞誠的規勸，使他始終難忘。又是好幾年過去了，他仍舊沒有寫出滿意的作品。他焦急，苦悶，他難以釋懷。一九八三年，美國劇作家阿瑟·米勒來到他家作客，他拿出畫家黃永玉寫給自己的信，唸給阿瑟·米勒聽：

我不喜歡你解放後的戲。一個也不喜歡。你心不在戲裡，你失去偉大的通靈寶玉，你爲勢位所誤！從一個海洋縮爲一條小溪流，你泥溷在不情願的藝術創作中，像晚上喝了濃茶清醒於混沌之中。

他把這信裱了起來。他唸着這信，神情激動。

多年寫不出好作品的焦慮，燒灼着這位藝術家的心。他懊悔，他苦悶，但他是清醒的。他責難自己。

他在二十四歲寫出《雷雨》，三十二歲發表《北京人》，第二年又改編《家》。此後，他沒有寫出更好的作品。一九四九年，他只有四十歲，正是春秋鼎盛。可是他沒有寫出更好的東西。他的《明朗的天》、《膽劍篇》、《王昭君》都沒有達到他過去作品的水準。他知道讀者、觀衆對他抱着很高的期望。他本是不滿舊制度的藝術家，一九四九年後，他受到共產黨新政權的禮遇隆聘。他與郭沫若、茅盾、老舍、巴金等人成了新政府在文藝界的高官，他是新政權在戲劇界的頭面人物。共產黨的重要領導人周恩來是他在「南開」的校友，對他很器重，也給他點保護。新政權的威勢與恩遇使他受龍若驚。新政權建立伊始，他就匆匆忙忙以「革命觀點」修改自己的舊作，把久負盛名的《雷雨》、《日出》改得面目全非。他後期的三部作品全是「遵命文學」。《明朗的天》把協和醫院中的「美帝國主義」痛罵一頓，把醫院中的大夫刻畫成美帝國主義的特務、受帝國主義文化毒害的壞蛋或糊塗蟲，他用他嫻熟的、藝術的刀挖掘知識分子內心世界的卑劣與骯髒，表明他對自我的批判與否定，對曾讓他深受影響的西方文化劃清界限。這在當年，他有許多不得已。在毛澤東的親自指揮下，中國大陸掀起了一場一場的階級鬥爭，無休無止的革命與運動。幾乎每一場運動都從文藝界的批判與清肅開始。曹禺的許多朋友、許多熟人，他所知道的許多文化人，都是有才華的，紛紛遭批判、清肅，被打成右派分子、反革命，開除公職，投入牢獄。當然也有人升入高位，但這需要有脫胎換骨的本領，能看準風向，否定自己，也需要隨風附和，依頭聽命，黨同伐異，甚至落井下石。對曹禺來說，每一場運動都與自己有關。像他這樣的人，他不是「左聯」

的人，更沒有奔赴革命聖地延安，他偏偏是在國民黨的國立劇專當過教務長，當年是余上沅聘他任國立劇專教職，而余上沅今日已是新政權的階級異己分子、右派。每一場運動，曹禺都可能被拉下馬，把他搞得身敗名裂。他戰戰兢兢，他軟弱，這一點，他更像他的劇中人周萍、曾文清。他是藝術家，他有的是一團感情，他其實並不懂政治，他無法對付那太複雜險惡的政治。正像他自己說的「雖然我沒當上右派，但也把我的心弄得都不敢跳動了。」

心靈的緊縮，使藝術家還有什麼創作？創作是最需要心靈的自由的。

他應該記得，他曾經扮演過莫扎特這個《安魂曲》中的天才音樂家。當大主教命令莫扎特按照主教的要求去做時，莫扎特拒絕了：

可是大人，我不是別人隨便彈弄的一架琴。音樂是從我心靈裡發出來的，是我的心的聲音。

他扮演的這位用生命和心靈追求藝術的音樂家，曾經感動了多少觀眾。他應該還記得莫扎特的話，可是他不能……

現在他又一次明白了。但就像他自己所說的像「王佐斷臂」，「明白了，人也殘廢了」。

他已七十高齡，他立下決心，要寫出點像樣的東西。他說：「我要作一個新人，忘掉過去的荒誕和疑慮，我要沉默，我要往生活的深處鑽，放棄這個『嘴』的生活，用腳踩出我的生活，用手寫眞實的人生」。他給家人寫信：「這幾年，我要追回已逝的時間，再寫點東西，不然我情願不活下去。」那幾年，他乘着這股熱氣，找人談話，收集資料，搞大綱。又一陣他每天晚上兩、三點鐘起來，趕上四個小時，頭昏眼花，只好擱筆，總算有了進展。

但到一九八五年，他終於撐不住了，他明白：「心事並不頹唐，還想有所作爲，只是年老體衰，何日大去是不可測的」。他清醒着，他痛苦着。他有很多頭銜，有許多社會活動。社會上許多活動都要他出席，請他寫文章，許多新的、年輕人的活動要請他表態支持。他不能讓人失望，他忙於應付。但他又懊惱。他想寫，寫不出，他感嘆：這樣下去怎麼得了？他對家人說：「我痛苦，我太不快樂了，我老覺得我現在被包圍着，做人眞難哪！」曹禺晚年的心靈就是在這樣的清醒、懊惱、痛苦着。

直到九十年代，他兩次大病，住進北京醫院，他終於沒有實現奉獻力作的願望。

一九九六年十二月十三日黎明，他在北京醫院北樓四零五病房病逝。隔夜臨睡前，他還向護士要來《古文觀止》，捧讀《阿房宮賦》。

他安靜地離別人世，離別這個曾經給他帶來榮譽也帶來苦惱的世界，而留給後人，他的讀者、觀衆許多思索的問題。

晚年的曹禺盡管沒有寫出更好的作品奉獻給他傾心的劇壇，但是他對新的藝術的支持卻推動了中國戲劇事業的發展。

曹禺去世後四年，高行健獲得二〇〇〇年度諾貝爾文學獎。八十年代，當高行健的探索戲劇舉步維艱時，曹禺給與了他有力的支持。

高行健在《沒有主義・隔日黃花》中回憶道：

一九八一年，北京人民藝術劇院演出高行健的第一個探索戲劇《絕對信號》，京城引起爭議。身爲北京人民藝術劇院院長的曹禺從上海發來熱情洋溢的賀電，給予支持。

一九八三年，高行健策劃排演《車站》，由於當時政治環境的原因，未獲通過。高找到生病住院的曹禺，曹禺說：「世界性主題，爲什麼不能演？」高行健說，「拿了他這句話」，《車站》才能排練。劇院彩排時，曹禺特地出席，他抱病由小女兒陪同拄着拐杖來了。戲演完後，在場無人敢表態，「只有他舉起拐杖鼓掌，大聲說：『好戲！』」

一九八五年，《野人》公演，曹禺看了彩排，高興地鼓勵高行健說：「小高，你搞出了另一種戲劇。」

曹禺以戲劇家的敏感與眞知灼見，認識到高行健探索戲劇的卓越價值和生命力。他一生追求傳統的寫實主義戲劇，他以天才智慧創造了中國寫實主義戲劇的高峰，至今無人能逾越。而高行健汲取當代世界文化新潮，糅和中國戲劇傳統，創造了「另一種戲劇」。這是一種新的戲劇，它展示了中國戲劇未來的希望！曹禺支持高行健，也支持了中國新型戲劇的創造。

二〇〇〇年十月，具有世界性聲望的諾貝爾文學獎揭曉，授予中國作家高行健的讚辭是：「爲中文小說藝術和戲劇開闢了新的道路」。

在曹禺身後，又一座中文戲劇的高峰已在升起。這位爲中國戲劇奉獻了一生的戲劇大師應該欣慰。

歷史會記住，六十年來，曹禺爲中國話劇藝術的發展做出了傑出貢獻。他的《雷雨》、《日出》、《原野》、《北京人》、《家》，已經成爲中國話劇的經典之作，成爲世界劇壇的寶貴財富。他的戲劇作品強烈集中地表達了「五四」以來二十世紀中國文學的主題，以個性解放與民主主義的力量有力地衝擊了中國封建主義與黑暗社會；他的戲劇把中國話劇的現實主義推進到一個嶄新的階段，並且標誌着中國話劇藝術的成熟，確立了話劇這一新的藝術形式在我國的地位，從而把中國現代戲劇同二十世紀世界戲劇聯繫得更爲緊密起來了。

曹禺，不愧是傑出的戲劇詩人，中國現代戲劇之魂！

一九九五年十月二十八日，於蘇州大學

二〇〇一年一月二十三日，除夕，增補